EDGAR ALLAN POES
RÄTSEL
UNIVERSUM

MIX
Papier aus verantwortungsvollen Quellen
FSC® C129466

Originaltitel: *Edgar Allan Poe's puzzles from beyond the grave*

ISBN 978-1-78739-102-4

Redakteur: Chris Mitchell
Text und Rätsel: Jason Ward
Design: Andri Johannsson
Bildredaktion: Steve Behan
Rätselprüfung: Neil Pyatt und Rich Galland
Produktion: Yael Steinitz

Übersetzung aus dem Englischen: Cordula und Martin Didion, Jane Schröder
Redaktion und Lektorat: writehouse, Köln
Coveradaption: Beate Lennartz
Satz: InterMedia – Lemke e. K., Ratingen
Gesamtherstellung: Ullmann Medien GmbH, Rheinbreitbach
Printed in Slovenia, 2018

ISBN 978-3-7415-2326-7
10 9 8 7 6 5 4 3 2 1
X IX VIII VII VI V IV III II I

www.ullmannmedien.com
info@ullmannmedien.com

Verwendete Poe-Übersetzungen:
Edgar Allan Poe: Seltsame Geschichten, übersetzt von Wilhelm Cremer, Leuchtfeuer-Verlag Hamburg 1928 (S. 12-27, 68-93)
Edgar Allan Poes Werke, übersetzt von Gisela Etzel, Propyläen Verlag Berlin 1921
(S. 28-34, 42-49, 53-67, 96-183)
Edgar Allan Poe, „Der Rabe", übersetzt von Carl Theodor Eben, 1869 (S. 38-41)

Der Verlag dankt den folgenden Bildquellen für die Erlaubnis, ihre Bilder in diesem Buch abzudrucken:

Alamy: 19th era: 138; Age Fotostock: 44; The Artchives: 92/93; Artokoloro Quint Lox Limited: 115, 167; Classic Image: 86/87, 139; Granger Historical Picture Archive: 17, 96/97, 164/165; Historical Images Archive: 142; Interfoto: 57; DeAgostini: 128/129; Lebrecht Music and Arts Photo Library: 119; Oldtime: 70; Past Art: 153; The Print Collector: 100/101; Universal History Archive/UIG: 76/77; Walker Art Library: 150/151; World History Archive: 73
Bridgeman Images: 28/29; Bibliotheque Nationale, Paris: 21; © British Library Board. All Rights Reserved: 10/11, 50; Peter Jackson Collection: 24
Getty Images: 30, 40, 84, 90/91, 124/125, 126/127, 157, 161; Culture Club: 52, 60; Hulton Archive: 9; The Print Collector: 108/109
Mary Evans Picture Library: 66/67, 106, 123, 146/147, 149
Public Domain: 14/15, 18, 26, 75, 105, 182/183
Rex: British Library / Robana / REX / Shutterstock: 33
Shutterstock.com: AMN: 46/47; Alexander 'P: 132; Alvor: 144; Amzhylttay: 131; Alex74: 111; Babich Alexander: 42; Berdsigns: 36/37; Bioraven: 13; Bogadeva1983: 43; Crystal Eye Studio: 169; Danussa: 153; Epine: 113; Fresher: 12/13; Grop: 39; Jumpingsack: 48/49; Ksana-art: 4, 20; Kseniakrop: 180/181; Maria Kuza: 178/179; Lablochki: 22; La Puma: 80; MaKars: 8, 58/59; Macrovector: 55; Marzolino: 120/121, 133, 134; Elzaveta Melentyeva: 112; MoreVector: 82/83, 88/89; Moriz: 139; Morphart Creation: 34/35, 94/95, 140, 141, 171, 177; Hein Nouwens: 7, 68/69, 102; Onkachura: 12 (oben); Elena Paletskaya: 152; Perunika: 158, 162/163; Time Trip: 184; Bodor Tivadar: 120, 170, 175; Vectorgoods Studio: 81; Yoko Design: 62/63
Topfoto.co.uk: Granger Collection: 64/65

Jason Ward

EDGAR ALLAN POES RÄTSEL UNIVERSUM

Spannende Rätsel inspiriert vom Meister des Unheimlichen

h.f.ullmann

Inhalt

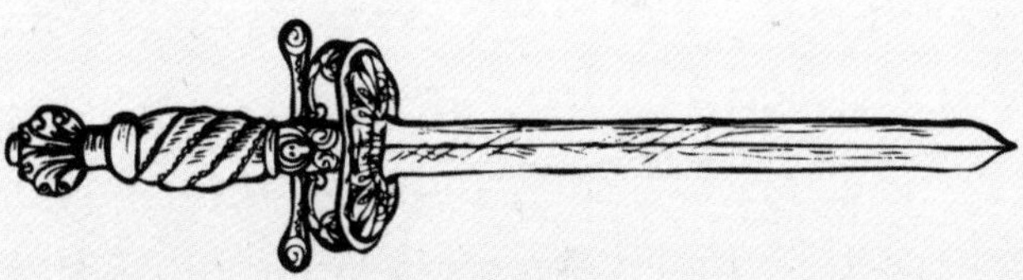

Inhalt

Inhalt

Inhalt

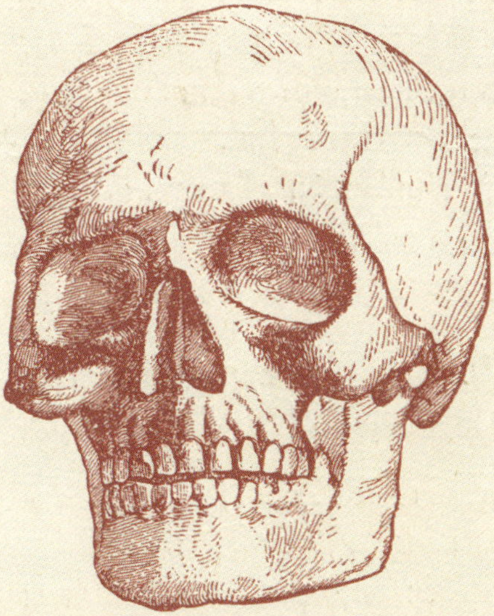

Einleitung: Das Rätsel der verborgenen Rätsel

Letztlich ist Rufus Wilmot Griswold an allem schuld: In einer letzten unklugen Entscheidung nach einem Leben voller unkluger Entscheidungen ernannte Edgar Allan Poe seinen Erzfeind zu seinem literarischen Testamentsvollstrecker.

Zwei Tage nach Poes Tod schrieb Griswold einen vernichtenden Nachruf, in dem er behauptete, „diese Nachricht wird Viele überraschen, aber nur bei Wenigen Trauer hervorrufen" und Poe einen „nörglerischen Grammatiker" nannte. Die verbleibenden acht Jahre seines Lebens verbrachte er damit, Poes Ruf so weit wie möglich zu ruinieren.

Während dieser Jahre erhärtete sich die Vorstellung, die man sich von Poe machte, nämlich die eines verwirrten und an sich selbst leidenden Wahnsinnigen. Und beinahe zwei Jahrhunderte später fragen wir uns immer noch, wer genau – außer einer der merkwürdigsten, dunkelsten und einflussreichsten Schriftsteller seiner Zeit – Edgar Allan Poe eigentlich war.

Dass diese Frage nie zufriedenstellend beantwortet wurde, mag auch der Art seines Ablebens geschuldet sein, die in ihrer Merkwürdigkeit passender nicht sein könnte: Poe verschwand Ende September 1849 auf einer Reise und tauchte eine Woche später in einem Wirtshaus in Baltimore wieder auf – im Delirium und in fremden, schäbigen Kleidern. Er starb einige Tage darauf in einem Krankenhaus, immer wieder den Namen „Reynolds" rufend. Warum, konnte nie ergründet werden. Diese fehlende Woche im Leben des Schriftstellers sowie die Umstände seines Todes gehören zu den großen Rätseln der Literaturgeschichte und brachten Theorien von der Cholerainfektion bis zum Hirntumor hervor.

Diese offenen Fragen haben lange Zeit wilde Spekulationen über einen Schriftsteller genährt, dessen Werk an sich schon Anlass zu wilden Spekulationen gab. Entsprechend groß war die Aufregung, als die *Baltimore Sun* kürzlich meldete, in einer Truhe auf einem Dachboden in Fordham, New York, seien mit Korrekturen übersäte Manuskripte in Poes Handschrift gefunden worden. Zuerst hielt man diese für frühe Entwürfe seiner Kurzgeschichten und Gedichte. Dann nahmen Forscher der Cornell University die Manuskripte genauer unter die Lupe und machten eine wahrlich erstaunliche Entdeckung: Poe hatte zu all seinen wichtigen Werken, von *Der Rabe* bis hin zu *Der Untergang des Hauses Usher* alternative Fassungen geschrieben und im Verborgenen aufbewahrt. Anders als die Originaltexte enthielten sie verzwickte Denkspiele, Matheknobeleien und Logikaufgaben.

Wie viele Schriftsteller liebte Poe Rätsel. „Nichts Lösbares kann erdacht werden, das ich nicht – bei entsprechender Muße – lösen kann", prahlte er einst. Doch warum er seine Geschichten im Geheimen mit Rätseln versah, ist selbst ein ebenso großes Rätsel wie die Frage, was er zwischen dem 27. September und 3. Oktober 1849 trieb. Dennoch präsentieren wir Ihnen hier – zum ersten Mal – die geheimen Werke des Edgar Allan Poe.

DIE MASKE DES ROTEN TODES

Der Dieb in der Nacht

Noch nie war eine Seuche so verhängnisvoll oder so entsetzlich gewesen. Blut war ihre Essenz und ihr Siegel – rotes und schreckliches Blut. Die Krankheit begann mit scharfen Schmerzen und plötzlichem Schwindel, dann folgte eine Blutung aus allen Poren und schließlich der Tod. Aber der Fürst Prospero war eine glückliche, furchtlose und lebenskluge Natur. Als seine Gebiete schon halb entvölkert waren, lud er tausend gesunde und lustige Edelleute und Hofdamen ein und zog mit ihnen nach der tiefen Abgeschlossenheit eines seiner burgartigen Herrensitze. Als die Hofgesellschaft eingezogen war, brachte man Schmelzöfen und schwere Hämmer und schweißte die Riegel zu.

Die Hofgesellschaft brauchte so vorbereitet keine Ansteckung zu fürchten. Der Fürst hatte für alle Mittel zerstreuender Vergnügungen gesorgt. Es gab Spaßmacher, Harlekine und Bänkelsänger, es gab Tänzer und Musiker, es gab Schönheit und Wein. Und es gab zwei Edelleute, die am zweiten Morgen mit zittrigen Knien und eingefallenen Wangen erwachten.

Der Fürst Prospero eilte in die Schlafräume der Edelleute, seine gewohnte Fröhlichkeit hinweggefegt von Zorn. Er fragte, ob sie auf dem Weg in die Abtei jemandem mit scharlachroten Flecken am Körper begegnet seien. Beide verneinten dies, sie hätten lediglich die Freuden des vergangenen Abends zu freizügig genossen. Der erste Edelmann versuchte, einen Schauder zu unterdrücken und flehte: „Mein Herr, glaubt Ihr uns nicht? Entweder bin ich ein Lügner, oder mein Landsmann sagt die Wahrheit."

Hatten sich die Edelmänner mit dem roten Tod angesteckt?

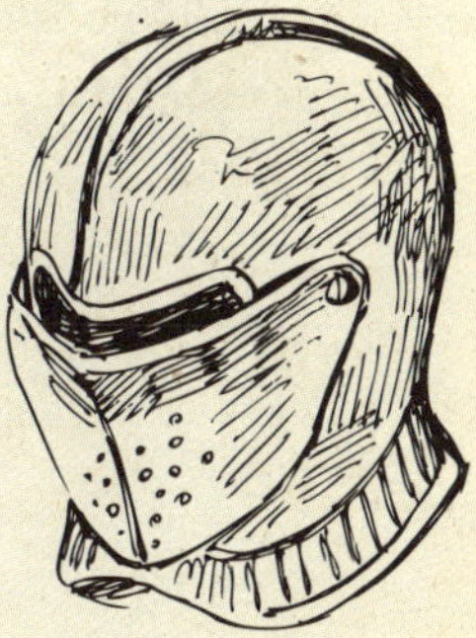

Lösung auf Seite 186

Lösung auf Seite 186

Landadel auf engstem Raum

Von den 1000 gesunden und lustigen Freunden, die der Fürst um sich geschart hatte, besaßen 810 einen Adelstitel: Sie waren Markgrafen und Landgrafen, Großherzöge und Erzherzöge, Komtessen und Baronessen. Gegen jede Wahrscheinlichkeit waren sogar ein paar Earls und ein Hidalgo anwesend, die aus unbekannten Gefilden stammten. Und durch diese Gäste war nun endgültig der Beweis erbracht, dass Adel länger hält als Reichtum: Nur 630 der Gäste besaßen ein Vermögen, während 100 weder einen Titel noch ein Vermögen ihr Eigen nennen konnten.

Wie viele der neuen Bewohner des Herrensitzes besaßen sowohl ein Vermögen als auch einen Adelstitel?

Ein Gespenst geht um in Europa

Fürst Prosperos Herrensitz war das letzte Bollwerk gegen den Fluch, der sein Land heimgesucht hatte. Es war dies ein riesiges und prächtiges Gebäude, das der Fürst ganz nach seinem eigenen, etwas seltsamen, aber großartigen Geschmack errichtet hatte. Ringsherum lief eine feste und hohe Mauer mit eisernen Toren. Bevor die Bediensteten des Fürsten als Letzte die Abtei betraten und die Riegel hinter sich zuschweißten, standen sie Wache, als seine Freunde in einem langen Zug von Kutschen eintrafen, aus denen unbeschwertes Gelächter drang. Um in die Abtei zu gelangen, mussten die Gäste die Antwort auf ein Rätsel nennen, die sie – zu ihrem Glück – vorher erhalten hatten. Die Frage lautete:

Was hat jeder Mensch gesehen und wird es doch nie wiedersehen?

DIE
MASKE DES
ROTEN TODES

Lösung auf Seite 186

Fluchten

Der rote Tod hatte schon lange Zeit das Land verwüstet, doch mochte draußen die Welt für sich selber sorgen. Inzwischen war es töricht, sich trübe Gedanken zu machen. Eines Tages, gegen Ende des fünften oder sechsten Monats seiner Abschließung, während im Lande die Pest noch aufs Heftigste wütete, lud Fürst Prospero seine tausend Freunde zu einem Maskenball von unerhörtem Glanz ein.

Ein wundervolles Bild bot diese Maskerade, aber am seltsamsten wirkten doch die Räume, in denen sie abgehalten wurde. Es waren ihrer fünf – eine Zimmerflucht von kaiserlicher Pracht. Die Fenster der Zimmer waren von buntem Glas, und ihre Farben passten sich der Ausstattung der zugehörigen Zimmer an. Das am weitesten nach Osten gelegene Zimmer war zum Beispiel in Blau gehalten, und in lebhaftem Blau schimmerten die Fenster. Das zweite Zimmer hatte purpurne Vorhänge und Tapeten, und hier waren die Scheiben purpurfarben. Das dritte glänzte ganz in Grün, ebenso die Fenster. Das vierte war in Orange ausgestattet und beleuchtet. Der fünfte Raum war vollständig in schwarzem Samt ausgeschlagen, der die Decke verhüllte und in schweren Falten von den Wänden auf einen ebenfalls schwarzen Samtteppich herabhing. Dieses Zimmer war das einzige, in dem die Farbe der Fenster nicht mit der Ausstattung übereinstimmte. Die Scheiben glühten hier in einem tiefen, blutroten Scharlach.

Vor dem Ball hatten vier Ehepaare die Zimmer bewohnt und dabei das letzte Zimmer tunlichst gemieden. Zur Aufteilung der Zimmer ist uns einiges bekannt: Beispielsweise wohnte Venerio nicht in dem purpurnen Zimmer. Galitia war nicht mit Antonio verheiratet und Girardino bewohnte den orangefarbenen Raum. Weiterhin war Maso nicht mit Corelia verheiratet, eine der Ehefrauen hieß Caterina und Venerio lebte nicht in dem grünen Zimmer, Galitia jedoch sehr wohl. Schließlich war Corelia mit Venerio verheiratet, Maria und Girardino jedoch waren keine Eheleute.

Welche Paare bewohnten welche Räume?

DIE MASKE DES ROTEN TODES

Lösung auf Seite 186

Der schwarze Saal

In dem schwarzen Saal wirkte das aus den blutroten Scheiben auf die dunklen Vorhänge strömende Licht einfach gespenstig. Die Gesichtszüge der Eingetretenen erhielten einen so unheimlichen Ausdruck, dass nur wenige aus der Gesellschaft die Kühnheit besaßen, ihren Fuß über diese Schwelle zu setzen.

Ja, die Bediensteten des Fürsten hatten sogar beschlossen, das plötzliche Eindringen Übermütiger wie das Hinausdrängen Verzweifelter zu verhindern. Denn die Gäste des Fürsten wussten zwar, die Versuchung morbider Gedanken zu meiden, doch sobald sie den schwarzen Raum betraten, kam es zu heftigem Zwist unter ihnen. Dies gipfelte darin, dass zwei der Gäste, Scarlatto und Luzio, ihren Dolch zückten und ein Duell fochten. Jeder von beiden versetzte seinem Gegner einen Stoß ins Herz, doch keiner von beiden starb.

Wie konnten Scarlatto und Luzio überleben?

DIE
MASKE DES
ROTEN TODES

Lösung auf Seite 186

DIE MASKE DES ROTEN TODES

Danse Macabre

Auf dem Maskenball sah man viel Schönes, viel Lustiges und Tolles, aber auch manches Schreckliche und einiges, das Widerwillen hätte erzeugen können. Doch so weit war es noch nicht: Es bedarf eines ordentlichen Trunkes, um das **nicht Fassbare** wahrnehmen zu können.

Nur vier Edelmänner und vier Damen getrauten sich, den Tanz zu beginnen. Zwei Räume standen für den Tanz zur Verfügung, in jedem davon tanzten zwei Paare. Es tanzten also je ein Edelmann und eine Dame gegenüber einem anderen Edelmann und einer anderen Dame. Niemand tanzte öfter als einmal neben oder gegenüber derselben Person, und doch tanzten sie auf diese Art drei aufeinanderfolgende Tänze.

Wie gelang ihnen dies?

Lösung auf Seite 187

DIE MASKE DES ROTEN TODES

Zerstreuende Vergnügungen

Wer im Hoheitsgebiet des Fürsten lebte, nicht aber das Glück einer edlen Herkunft besaß, konnte nur unter einer Voraussetzung Zuflucht auf dem Herrensitz suchen: Er musste den Hof zu unterhalten wissen. Fünf Brüder aus einer Gauklerfamilie wurden für diese Aufgabe eigens ausgewählt: Amadore, Agnolo, Andreuccio, Atenulf und Aiulf – ein Spaßmacher, ein Bänkelsänger, ein Tänzer, ein Musiker und ein Harlekin.

Die Brüder traten immer in derselben Reihenfolge auf, und die Nacht des Maskenballs bildete da keine Ausnahme. Der Spaßmacher betrat die Bühne nach Amadore und Atenulf, aber vor dem Musiker. Der Tänzer hatte seinen Auftritt als Dritter. Weder der Harlekin noch Andreuccio traten zuerst oder zuletzt auf. Agnolo, Amadore und Atenulf gaben ihre Kunst in genau dieser Reihenfolge zum Besten.

Welche Kunst beherrschte jeder Bruder und in welcher Reihenfolge traten sie auf?

Lösung auf Seite 187

Dunkelheit über allem

Ehe der leise Nachklang des letzten Schlages in Schweigen versunken war, bemerkten einige in der Menge eine maskierte Figur, die bisher keinem Menschen aufgefallen war. Die Figur war schlank und sehr groß und vom Kopf bis zum Fuß in Leichentücher gehüllt. Die Maske, die das Gesicht verbarg, glich so genau den starren Zügen eines Toten, dass man auch beim schärfsten Hinsehen nicht die Täuschung erkennen konnte. Ja, der Maskenträger war so weit gegangen, dass er das Bild des roten Todes darstellte. Die Leichentücher waren mit Blut bespritzt, und die breite Stirn zeigte wie das ganze Gesicht die entsetzlichen Scharlachflecke. Mit einem dürren Finger deutete er auf Fürst Prospero und sprach:

„Was liebt der Mensch mehr als das Leben,
Was fürcht'er mehr als Todesbeben,
Was haben Arme, Reiche nicht,
Was wünschen frohe Menschen sich,
Und was spart selbst der Lebemann –
Das jeder mit ins Grab nehm' kann?"

Fürst Prospero stürzte wahnsinnig vor Wut durch die Zimmer herbei, während die anderen von einer tödlichen Angst befallen waren, so dass ihm keiner zu folgen wagte. Mit gezücktem Dolch näherte er sich bis auf drei oder vier Fuß der zurückweichenden Gestalt, bis diese sich plötzlich nach ihrem Verfolger umwandte. Man hörte einen scharfen Schrei, und der Dolch fiel blitzend auf den samtenen Teppich, auf den gleich darauf auch Fürst Prospero selbst tot zu Boden sank.

Und nun erkannten sie die Gegenwart des roten Todes. Einer nach dem andern sanken die Genossen des Maskenfestes in den blutbetauten Hallen nieder und starben verzweifelt, wo sie zu Boden gefallen waren. Mit dem Erlöschen des letzten Lebens blieb auch die Ebenholzuhr stehen. Die Flammen auf den Dreifüßen erloschen, und Dunkel, Verfall und der rote Tod herrschten über allem.

Wie lautet die Antwort auf das Rätsel des roten Todes?

DIE
MASKE DES
ROTEN TODES

Lösung auf Seite 187

Der Eroberer Wurm

Es ist nicht zu viel gesagt mit der Behauptung, dass kein Ereignis so geeignet ist, Leib und Seele aufs Äußerste zu schrecken, wie das Lebendigbegrabensein. Der unerträgliche, atemraubende Druck – die erstickenden Dünste der feuchten Erde – die harte Enge des schmalen Hauses – das **Dunkel** vollkommener Nacht – die alles verschlingende Woge ewiger Stille – diese Betrachtungen tragen in das noch schlagende Herz ein so namenloses Grauen, wie selbst die stärkste Phantasie es nicht beschreiben kann.

Wir wissen, dass es Krankheitsfälle gibt, in denen ein völliger Stillstand all der sichtbaren Lebensfunktionen eintritt, und dennoch ist dieser Stillstand nur eine Pause, nur ein zeitweiliges Aussetzen des unbegreiflichen Mechanismus. Einige Zeit vergeht – und eine unsichtbare, geheimnisvolle Ursache setzt die zauberhaften Schwingen, das gespenstische Räderwerk wieder in Bewegung. Abgesehen von der logischen Schlussfolgerung, dass solche Fälle selbstredend hier und da zu einem vorzeitigen Begräbnis führen müssen, haben wir direktes Zeugnis als Beweis, dass zahlreiche solcher Begräbnisse stattgefunden haben. Und so habe ich das, was ich jetzt erzählen will, am eigenen Leibe erfahren.

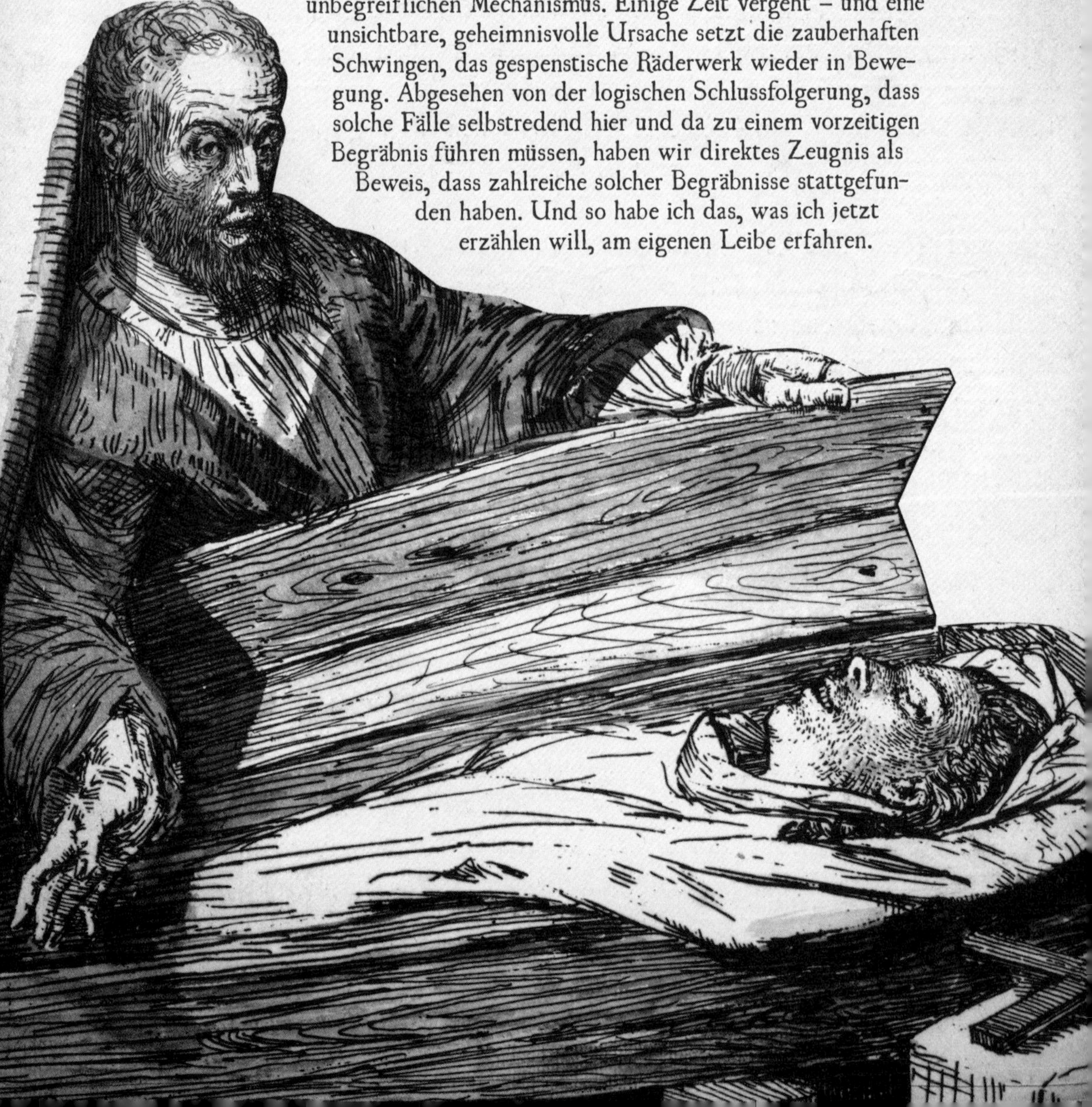

Ich war jahrelang den Anfällen jener seltsamen Krankheit unterworfen, der die Ärzte den Namen Katalepsie gegeben haben. Obgleich die Ursachen der Krankheit noch nicht erforscht sind, so sind doch ihre äußerlich wahrnehmbaren Merkmale zur Genüge bekannt. Manchmal liegt der Patient nur einen Tag oder selbst kürzere Zeit in vollständiger Lethargie. Er ist gefühllos und regungslos, aber der Herzschlag ist noch schwach fühlbar, der Körper ist noch ein wenig warm, ein leichtes Rot färbt die Wangen, und wenn man den Lippen einen Spiegel nähert, so kann man ein träges, unregelmäßiges Atmen wahrnehmen. Manchmal aber dauert dieser Zustand Wochen – ja Monate, und dann vermögen die sorgfältigsten ärztlichen Untersuchungen nicht mehr einen Unterschied festzustellen zwischen dem Zustand des Kranken und dem, was wir als Tod bezeichnen.

Der wahre Fluch dieser Krankheit aber ist, dass der Patient alles, was mit ihm vorgeht, bei wachem Verstande erlebt und nur gelegentlich, aufgrund der qualvollen Lage, in der er sich befindet, kurz das Bewusstsein verliert. In einem dieser Momente schien ich einer Sprache gewahr zu werden, die mir in Wirklichkeit vollkommen unbekannt war. Auf eine seltsame Weise wusste ich, dass „Maj hirmak spek" „Erscheine nicht gefangen" heißt, dass „Ruv spek twel" „Hilfe, gefangener Mann" bedeutet und dass „Lursy maj ruv" die Übersetzung von „Tot erscheinender Mann" ist. Und während die Stunden langsam an mir vorüberzogen in einem dumpfen Bewusstsein meines eigenen Lebens und der Menschen, die mein Bett umstanden, zermarterte ich mir den Kopf über die Frage:

Wie kann ich in dieser fremden Sprache „Hilfe nicht tot" sagen?

LEBENDIG BEGRABEN

Lösung auf Seite 188

LEBENDIG BEGRABEN

Beklemmende Phantasien

Meine Nerven waren völlig zerrüttet, und ich war die Beute ewigen Grauens. Ich wagte es nicht mehr, mich aus meinem Hause zu entfernen, um stets in der Nähe derer zu sein, die meine Neigung zu kataleptischen Anfällen kannten; hätte es sich andernfalls nicht ereignen können, dass ich begraben wurde, ehe mein wahrer Zustand festgestellt werden konnte? Ich traf eine Reihe mühsamer Vorsichtsmaßregeln. Unter anderem ließ ich die Familiengruft so umbauen, dass sie von innen leicht geöffnet werden konnte. Der leiseste Druck auf einen langen Hebel ließ die eisernen Tore auffliegen.

Auch traf ich Vorsorge, dass Luft und Licht freien Zutritt hatten und dass dicht bei dem Sarge, der mich aufnehmen sollte, Gefäße für Speise und Trank bereitstanden. Der Sarg selbst war weich und warm gefüttert und mit einem Deckel versehen, der nach Art der Grufttür eingerichtet war, nur dass hier schon die leiseste Bewegung genügte, um den Deckel zu lüften.

Überdies hing von der Decke der Grabkammer eine große Glocke herab, deren Seil durch ein Loch im Sarge hineingeführt und an der Hand der Leiche befestigt werden sollte. Aber ach! Was vermag alle Vorsicht gegen das Schicksal. Selbst diese wohlbedachten Maßregeln vermochten nicht, einen **Unglücklichen**, der dazu vorausbestimmt worden war, vor den unerhörten Schrecken des Lebendigbegrabenwerdens zu bewahren!

Ich zog Gelehrte der Wissenschaft vom menschlichen Körper aus dem ganzen Lande zurate. Einer verriet mir, die Wahrscheinlichkeit, dass die Geschichte ein übles Ende nehme, liege dank meiner Vorsichtsmaßregeln bei „nur“ 10 Prozent von 90 Prozent von 80 Prozent. Doch konnte ich daraus nicht erkennen, wie hoch meine Wahrscheinlichkeit war, lebendig begraben zu werden – und selbst dann hätte meine tödliche Angst keiner Vernunft gehorchen, keinen Trost annehmen wollen.

Wie hoch war meine Wahrscheinlichkeit, lebendig begraben zu werden?

LEBENDIG
BEGRABEN

Lösung auf Seite 188

Namenloses Elend

Endlich leises Erbeben der Augenlider. Aus völliger Bewusstlosigkeit erwachte ich zum ersten schwachen Daseinsgefühl. Gleich darauf ein Schreck wie ein elektrischer Schlag, der das Blut von den Schläfen zum Herzen peitscht. Ich fühle, dass es nicht ein gewöhnlicher Schlaf ist, aus dem ich erwache. Ich entsinne mich, einen kataleptischen Anfall gehabt zu haben. Und nun überflutet meine schaudernde Seele wie ein rasendes Meer die eine grausige Angst.

Ich versuche zu schreien, und meine Lippen und meine verdorrte Zunge mühen sich vereint und krampfhaft – aber keine Stimme entringt sich den hohlen Lungen, die, wie von Bergeslast bedrückt, bei jedem mühevollen Atemzug grausam aufzucken. Heftig werfe ich die Arme empor, die bisher mit gekreuzten Händen dalagen. Sie berühren eine feste Holzmasse, die sich über meinem Körper in einer Höhe von kaum sechs Zoll hinzieht. Ich kann nicht länger zweifeln, dass ich im Sarg liege.

Und nun, inmitten all meines namenlosen Elends, naht sich mir der süße Engel der Hoffnung – denn ich denke an meine Vorsichtsmaßregeln. Ich rühre mich und mache krankhafte Versuche, den Deckel aufzuzwängen; er bewegt sich nicht. Ich suche an meinen Handgelenken nach der Glockenschnur; sie ist nicht zu finden. Die Verzweiflung, nun noch tiefer, gewinnt wieder die Oberhand: Ich bemerke, dass die von mir gewünschte Polsterung fehlt. Die Schlussfolgerung ist unumgänglich: Ich befinde mich nicht in der Gruft.

Angesichts meines Schicksals entflieht mein Geist in einen noch nie gekannten Wahnsinn. In meiner alles verschlingenden, hilflosen Angst frisst sich eine Idee in mein Bewusstsein: 10 Troppen ergeben ein Slem, 6 Slems ein Gror, 5 Grors ein Wat und 7 Wat ein Pleem. Ich bin außerstande zu verstehen, was dies bedeutet, jedoch hat es sich in meinen Geist gegraben. In meine Nase steigt der eigenartig herbe Geruch feuchter Erde, und doch habe ich nur eine Frage im Sinn:

Wie hoch ist die Anzahl von Troppen in einem Pleem geteilt durch die Anzahl von Slems in einem Wat?

LEBENDIG BEGRABEN

Lösung auf Seite 189

Dämonen auf dem Oxus

Es war offensichtlich: Ich war während einer Abwesenheit von Zuhause – unter Fremden – von einem Anfall ergriffen worden; an ein Wann oder Wie wusste ich mich nicht zu entsinnen. Und diese Fremden hatten mich begraben wie einen Hund – in irgendeinen Sarg gesteckt, den sie vernagelt und tief, tief und für immer in ein gewöhnliches und namenloses Grab gesenkt hatten. Als diese grässliche Überzeugung sich im geheimsten Fach meiner Seele gebildet hatte, versuchte ich von Neuem, laut aufzuschreien; und dieser zweite Versuch gelang. Ein langer, wilder und anhaltender Schrei, ein Todesgellen, echote durch die Reiche der unterirdischen Nacht.

„Was zum Teufel ist denn los?", gab eine raue Stimme Antwort. „Heraus mit Euch! Was soll das heißen, dass Ihr losheult wie ein Kettenhund?", sagte eine zweite. Und hierauf ward ich ergriffen und minutenlang unsanft von einer Gruppe wüst blickender Gesellen geschüttelt. Sie holten mich nicht etwa aus dem Schlaf – denn ich war hellwach, als ich schrie – aber sie setzten mich wieder in den Besitz meines Gedächtnisses.

In Begleitung eines Freundes hatte ich eine Jagdexpedition an den Ufern des James-Flusses unternommen. Die Nacht kam, und ein Sturm überraschte uns. Die Kabine einer kleinen Schaluppe, die im Strom vor Anker lag und mit Gartenerde geladen war, bot uns den einzigen Schutz. Wir behalfen uns also, so gut es ging, und verbrachten die Nacht in den Kojen an Bord. Die meinige war so eng, dass es mir schwerfiel, mich hineinzuzwängen. Meine ganze Vision entsprang also den eigentümlichen Umständen meiner Lage und meinem gewohnten Gedankengang.

Doch der schlimme Umstand hatte eine günstige Folge. Meine Seele bekam Haltung. Ich ging auf Reisen. Ich entfernte meine medizinischen Bücher. Keine Schauergeschichten mehr – **wie diese hier.** Binnen Kurzem wurde ich ein neuer Mensch und führte ein männliches Leben. Ich dachte an andere Dinge als den Tod. Ja, gleich jener neue Morgen meines Lebens wartete mit einem merkwürdigen Rätsel auf:

Die beiden Gesellen, die mich aus meiner Verzweiflung gerissen hatten, erzählten mir – so wüst sie auch anzusehen sein mochten – von ihrem Leben und ihren Liebschaften. Sie berichteten, wie sie jeweils die Mutter des anderen gefreit hatten und wie ihre Söhne nun zusammen am Flussufer spielten. Früher hätte ich nur geistesabwesend genickt, doch nun **hörte ich wahrhaftig zu.** Ja, ich war einem von ihnen sogar behilflich, als er zu ergründen suchte, in welchem Verwandtschaftsverhältnis die beiden Kinder zueinander stünden. Seit jener denkwürdigen Nacht verlor ich für immer meine Todesgedanken.

Weh! Die grausigen Legionen der Grabesschrecken sind keine Hirngespinste; doch müssen sie schlafen oder sie verschlingen uns – muss man sie schlummern lassen, oder wir **gehen zugrunde.**

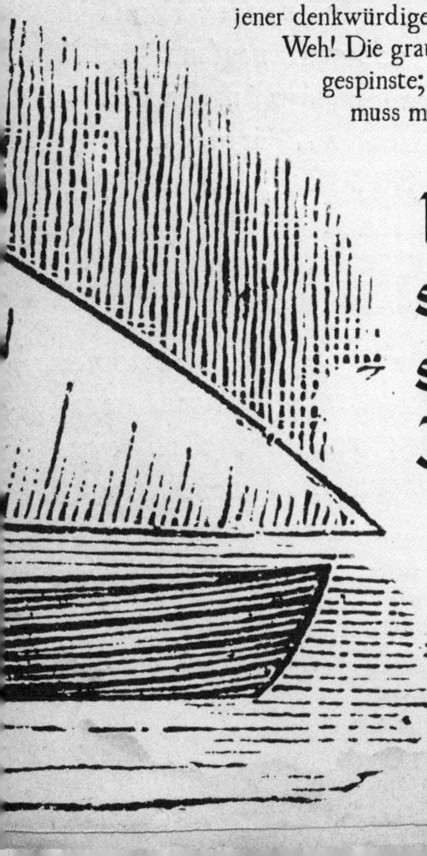

In welchem Verwandtschaftsverhältnis standen die beiden Kinder zueinander?

Lösung auf Seite 189

DER RABE

Ein Besucher von den Ufern des Styx

Mitternacht umgab mich schaurig, als ich einsam, trüb und traurig,
Sinnend saß und las von mancher längstverklung'nen Mähr' und Lehr' –
Als ich schon mit matten Blicken im Begriff, in Schlaf zu nicken,
Hörte plötzlich ich ein Ticken an die Zimmertüre her;
„Ein Besuch wohl noch", so dacht' ich, „den der Zufall führet her –
Ein Besuch und sonst nichts mehr."

Langsam lief ich hin zur Türe, öffnete sie einen Spalt
Und erkannt' im Rahmen stehend, eine schauerlich Gestalt.
Als mein Auge sich ganz langsam an das **Dunkel** angepasst,
konnt' ich endlich besser sehen meinen ungebet'nen Gast.
Grob gebaut, zerzaust und knorrig schaut er finster zu mir her,
starrt aus tief liegenden Augen, starrt mich an und sonst nichts mehr.

Rasselnd fing er an zu sprechen: „Hab ein Rätsel hier für Dich:
Hab ein Aug, doch kann nichts sehen – trotz des Auges: Wer bin ich?"
Unheilvoll sprach er dann weiter: „Häuser mäh ich um wie Gras!"
Und in seinen Augen blitzte Mitleid nicht, stattdessen Spaß.
Angst stieg in mir hoch, denn grübeln konnte ich auch noch so sehr,
Doch in meinem Kopf war Leere, Leere nur und sonst nichts mehr.

„Hab ein Aug, doch kann nichts sehen – trotz des Auges: Wer bin ich?"

DER
RABE

Lösung auf Seite 190

DER
RABE

Schattenheer

Riss das Fenster auf jetzunder, und herein stolziert' – o Wunder!
Ein gewalt'ger, hochbejahrter Rabe schwirrend zu mir her;
Flog mit mächt'gen Flügelstreichen, ohne Gruß und Dankeszeichen,
Stolz und stattlich sondergleichen, nach der Türe hoch und her –
Flog nach einer Pallasbüste ob der Türe hoch und her –
Setzte sich und sonst nichts mehr.

Und trotz meiner Trauer brachte er dahin mich, dass ich lachte,
So gesetzt und gravitätisch herrscht' auf meiner Büste er.
„Ob auch alt und nah dem Grabe", sprach ich, „bist kein feiger Knabe,
Grimmer, glattgeschor'ner Rabe, der Du kamst vom Schattenheer
Sprich, welch' stolzen Namen führst Du in der Nacht pluton'schem Heer?"
Sprach der Rabe: „Nimmermehr."

Ganz erstaunt war ich, zu hören dies Geschöpf mich so belehren,
Schien auch wenig Sinn zu liegen in dem Wort bedeutungsleer;
„Achtzig Krähen einst im Baume lärmten, nichts hielt sie im Zaume.
Da hob ich an die Muskete, schoss und eine stürzte schwer.
Sag, wie viele blieben übrig, schauten trotzig zu mir her?"
Sprach der Rabe: „Nimmermehr."

Wie viele blieben übrig?

Lösung auf Seite 190

Der Hang zur Verkehrtheit

Die Psychologen haben bei Feststellung der Eigenschaften der menschlichen Seele eine uns eingeborene Eigenschaft immer wieder übersehen. Ja, in der reinen Überheblichkeit des Verstands haben wie sie alle übersehen. Wir sahen keine **Notwendigkeit** für diesen Impuls. Der intellektuelle Mensch unternimmt es, Gott Absichten mit der Menschheit zu unterstellen, indem er alles von der vorgefassten Bestimmung des Menschen ableitet. Es wäre weiser gewesen, solche Klassifizierung auf der Basis dessen aufzubauen, was Menschen gewöhnlich taten. Durch Induktion hätte die Psychologie dahin kommen müssen, eine eingeborene und urewige Triebfeder menschlichen Handelns aufzudecken, die wir, aus Mangel an einer treffenderen Bezeichnung, **Verkehrtheit** nennen wollen.

Ich möchte sagen, es ist eine Bewegung ohne Beweggrund, ein Anreiz ohne ersichtlichen Zweck. Wir folgen dem Anreiz, weil wir ihm **nicht** folgen sollten. Der Theorie nach kann wohl kein Grund unvernünftiger sein, den Tatsachen nach gibt es keinen stärkeren. Auf manchen Geist wirkt er unter gewissen Umständen ganz unwiderstehlich. Die Gewissheit, ein Unrecht, einen Fehler zu begehen, ist oft die eine unwiderstehliche Macht, die allein unser Handeln bestimmt.

Wir haben eine Arbeit vor, die schleunigst erledigt werden muss. Wir wissen, dass ein Aufschub unheilvoll sein wird. Der bedeutsamste Wendepunkt unseres Lebens ruft wie mit Posaunen zu sofortigem energischen Handeln. Wir glühen, verzehrender Eifer erfüllt uns, das Werk zu beginnen, von dessen ruhmvollem Ausgang unsere Seele entflammt ist.

Ich selbst kann dieses Werk in zwei Stunden vollbringen, ein guter Freund in drei Stunden, und sein Sohn wäre in der Lage, es in sechs Stunden zu verrichten.

Es muss, es soll heute in Angriff genommen werden – und dennoch schieben wir es auf bis morgen; und warum? Es gibt keine andere Antwort als die, dass wir **verkehrt** fühlen.

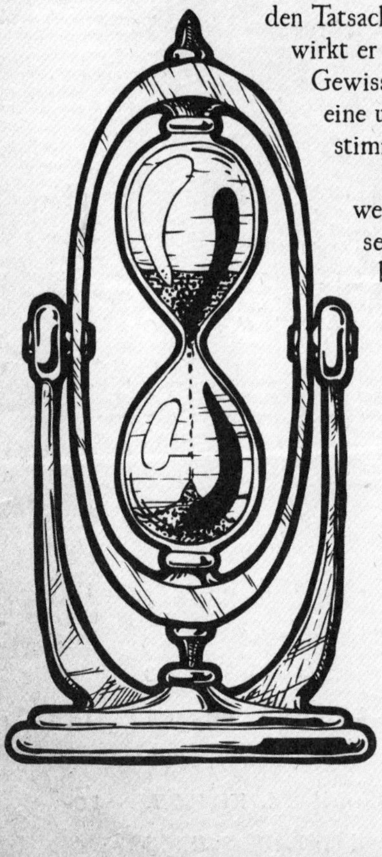

Der andere Tag kommt, und mit ihm ein ungeduldigeres **Verlangen,** unsere Pflicht zu tun, aber gleichzeitig mit diesem gesteigerten Verlangen erhebt sich eine namenlose, unermessliche Begier nach Aufschub. Diese Gier nimmt zu, je mehr die Zeit entflieht. Die letzte Stunde zum Handeln ist gekommen. Wir erbeben unter der Heftigkeit des inneren Widerstreits. Die Uhr schlägt und ist das Grabgeläute unseres Strebens nach Erfolg. Gleichzeitig aber ist es der Hahnenschrei für das Gespenst, das uns so lange schreckte. Es flieht – es verschwindet – wir sind frei. Die alte Willenskraft kommt wieder. Jetzt wollen wir arbeiten. Weh, es ist **zu spät!**

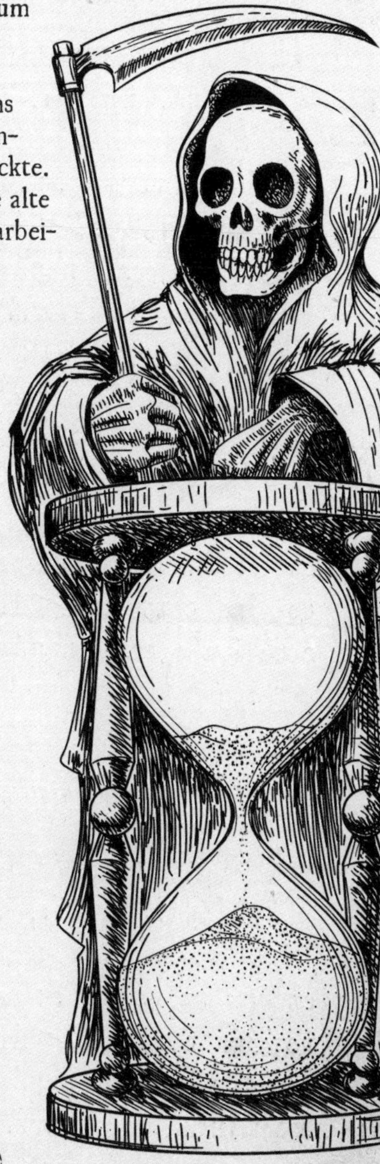

Wie lange hätten wir drei gebraucht, wenn wir die Arbeit zusammen erledigt hätten?

Lösung auf Seite 190

Nur ein Schritt

Ein Gedanke genügt. Der Einfall wird zu einem Wunsch, der Wunsch zu einem Verlangen, das Verlangen zu einem qualvollen Bedürfnis, und dem Bedürfnis wird – mit tiefem Bedauern und herzlicher Reue und in Missachtung aller Folgen – stattgegeben.

Wir stehen am Rande eines Abgrunds. Zum Beispiel hoch oben auf einem Kirchturm, in einer Stadt, in der wir niemanden kennen. Wir spähen hinab – uns wird übel und schwindlig. Unser erster Impuls ist, vor der Gefahr zurückzuweichen. Unerklärlicherweise bleiben wir. Nach und nach versinken unsere Übelkeit und unser Schwindel in einem Nebel unnennbarer Gefühle.

Wir erinnern uns, wie wir endlich am Fuß des Turmes ankamen, gestützt auf einen fünf Fuß langen Spazierstock, und wie dieser Stock einen Schatten von drei Fuß Länge warf. Die Sonne steht noch genauso hoch am Himmel und der Turm wirft einen Schatten von 120 Meter Länge auf das Pflaster des Kirchplatzes, sodass einem schon von dem bloßen Gedanken an die Höhe des Turmes seltsam zumute wird.

Allmählich, ganz allmählich nimmt diese Nebelwolke Formen an, und doch ist es nichts als ein Gedanke, wenngleich einer, der uns das Mark in den Knochen gefrieren lässt in grausigem Entzücken. Es ist die Vorstellung, was wir wohl bei einem Sturz von solcher Höhe empfinden würden.

Und dieser Sturz – diese taumelnde Vernichtung gerade diese Vernichtung reizt uns. Kein leidenschaftliches Gefühl in der Natur ist so teuflisch ungeduldig als das desjenigen, der schaudernd am Rande des Abgrunds steht und daran denkt, sich hinabzustürzen. Wie hoch mag der Turm sein?

Es ist wohl an uns selbst, dies herauszufinden. Ist kein gütiger Arm nahe, uns zurückzuhalten, oder verfehlen wir bei einem plötzlichen Entschluss, vom Abgrund zurückzutreten, den festen Boden, so stürzen wir hinab in Tod und Vernichtung.

Wie viele Fuß hoch ist der Kirchturm?

Lösung auf Seite 190

Erloschen

Ich habe nun viel gesagt, sodass ich euch erklären kann, weshalb ich hier bin – dass ich euch etwas mitteilen kann, was wenigstens halbwegs einen Grund dafür angibt, weshalb ich in dieser Zelle der **Verdammten** wohne. Wäre ich nicht so weitschweifig gewesen, so hättet ihr mich vollkommen missverstehen oder mich, wie der Pöbel, für verrückt erklären können. Nun aber werdet ihr leicht erkennen, dass ich eines der zahllosen Opfer bin, die der Teufel der Verkehrtheit für sich zu erbeuten weiß.

Unmöglich kann eine Tat gründlicher vorherbedacht worden sein. Monate brütete ich über der Ausführung des Mordes. Tausend Arten verwarf ich, weil sie die *Möglichkeit* boten, mich zu verraten. Schließlich fand ich bei der Lektüre einer französischen Abhandlung den Bericht einer fast tödlichen Erkrankung, hervorgerufen durch Gase einer zufällig vergifteten Kerze. Das reizte meine Phantasie sofort. Ich wusste, mein Opfer hatte die Gewohnheit, im Bette zu lesen. Ich wusste auch, dass sein Zimmer klein und schlecht

ventiliert war. Doch was soll ich euch die Kunstgriffe schildern, durch die es mir gelang, in seinen Schlafzimmerleuchter statt den dort vorhandenen beiden zwei von mir selbst hergestellte Wachskerzen einzuschmuggeln. Beide waren von gleicher Länge, doch hatte ich der Sicherheit halber eine mit einer Brenndauer von vier und eine mit einer Brenndauer von fünf Stunden gewählt.

Am andern Morgen fand man mein Opfer tot im Bett, und das Urteil des Leichenbeschauers lautete – „eines plötzlichen Todes gestorben". Ich vermute, mein Opfer hatte im Todeskampf noch versucht, die Kerzen auszulöschen. Denn als ich am nächsten Tag vor Ort erschien, in der Hoffnung, mein grausig Werk insgeheim bewundern zu können, stellte ich fest, dass der Stummel der einen Kerze exakt viermal so lang war wie der der anderen.

„Wie lange währte wohl sein Todeskampf?", so fragte ich mich. Und doch wusste ich, dass jede Antwort für meinen Geschmack sowohl zu lang als auch zu kurz wäre.

Wie lange währte sein Todeskampf?

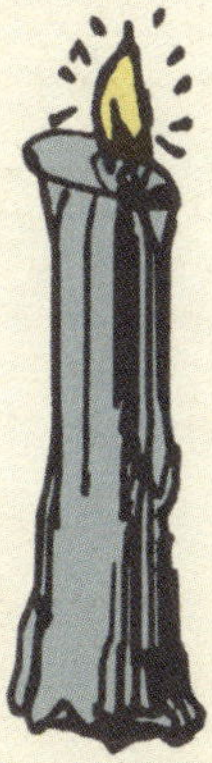

Lösung auf Seite 190

Solange ich kein Narr bin

Ich erbte das Vermögen meines Opfers, und jahrelang ging alles gut. Der Gedanke einer Entdeckung meiner Tat kam mir gar nicht in den Kopf. Die Überbleibsel der verhängnisvollen Kerzen hatte ich sorgfältig vernichtet. Nicht den Schatten einer Spur hatte ich zurückgelassen, durch die man mich des Verbrechens hätte überführen oder auch nur verdächtigen können. Es ist gar nicht wiederzugeben, welch ein Gefühl der Befriedigung in mir erwachte, wenn ich an meine vollkommene Sicherheit dachte. Lange, lange Zeit hing ich diesem Gefühl nach. Es brachte mir mehr Genuss als alle die realen Vorteile, die meine Sünde mir eingetragen. Doch es kam eine Zeit, da das angenehme Gefühl zu einem mich verfolgenden und quälenden Gedanken wurde. Andauernd hing ich dem Gedanken an meine Sicherheit nach, ertappte mich fortwährend dabei, dass ich die Worte murmelte: „Ich bin sicher."

Eines Tages, als ich durch die Straßen schlenderte und diese gewohnten Worte sprach, verbesserte ich sie in einem Anfall von Mutwillen so: „Ich bin sicher – ich bin sicher – ja, solange ich kein Narr bin und ein offenes Bekenntnis ablege!" Kaum hatte ich dies gesagt, als Eiseskälte mir zum Herzen kroch. Ich hatte einige Erfahrung in solchen Anfällen der Verkehrtheit und ich entsann mich gut, dass es mir niemals gelungen war, ihren Angriffen zu widerstehen.

Und nun trat mir meine eigene zufällige Eingebung, dass ich möglicherweise dumm genug sein könne, den Mord, dessen ich mich schuldig gemacht, zu bekennen, gegenüber wie das leibhaftige

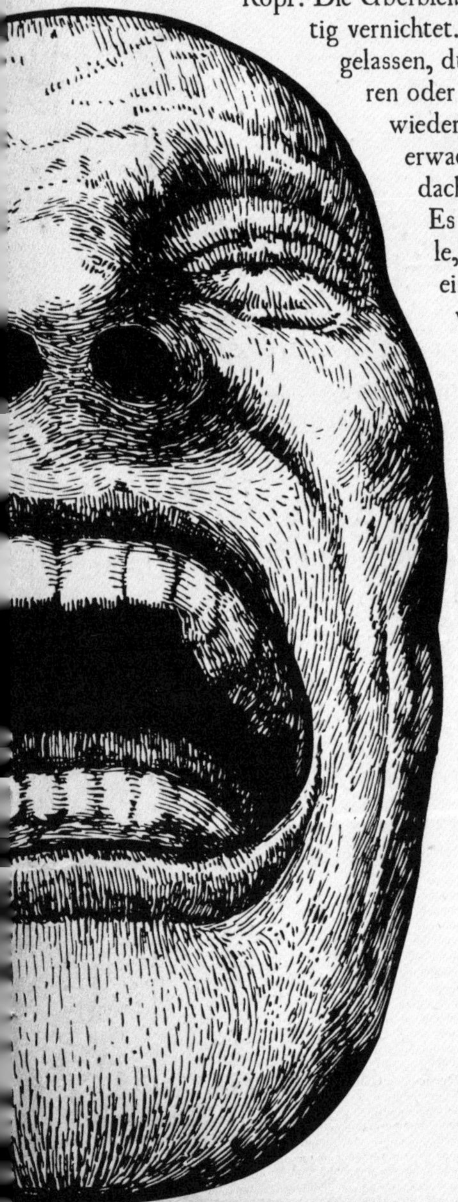

Gespenst des Ermordeten – und lockte mich in Tod und Verderben. Ich fühlte ein wahnsinniges Verlangen, laut aufzuschreien. Ich durchraste wie ein Toller die menschenvollen Straßen, nicht ohne reuevoll an den alten Rätselspruch zu denken: Wann ist der Narr am klügsten?

Nun fühlte ich, dass sich mein Schicksal erfüllte. Hätte ich vermocht, mir die Zunge auszureißen – ich hätte es getan. Dann schien es mir, als schlage mich irgendein unsichtbarer Dämon mit harter Faust in den Rücken. Das lang zurückgehaltene Geheimnis brach los aus meiner Seele, als fürchte ich eine Unterbrechung, ehe ich die kurzen, doch inhaltsschweren Sätze beendet, die mich dem **Henker** und der Hölle überlieferten. Doch was soll ich mehr sagen? Heute trage ich diese Ketten und bin **hier**! Morgen bin ich der Fesseln ledig! – Aber wo?

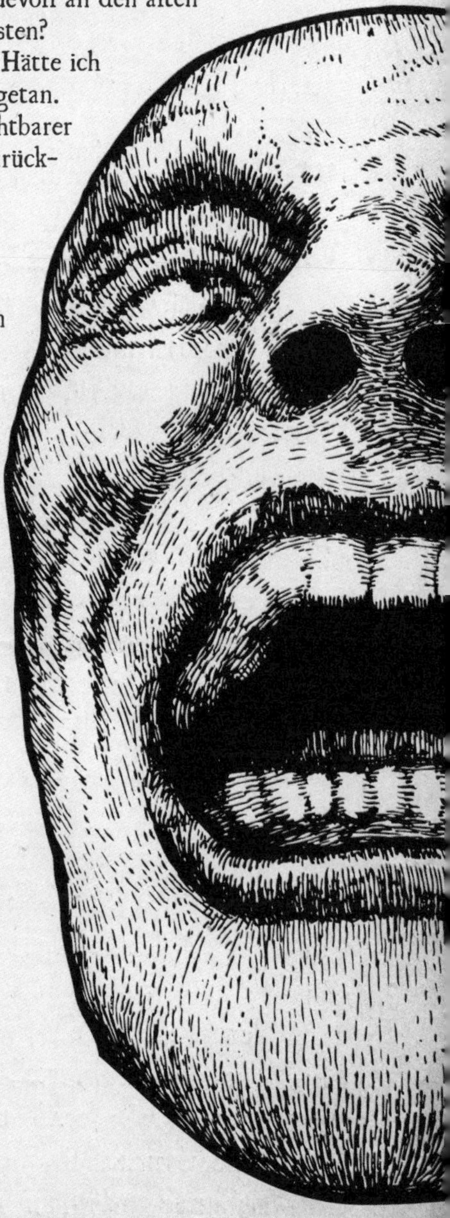

Wann ist der Narr am klügsten?

Lösung auf Seite 190

WASSER-GRUBE UND PENDEL

WASSER-
GRUBE UND
PENDEL

Verschiedene Arten der Folter

Ich war krank – erschöpft und todkrank infolge der langen Todesangst –, und als man mir die Fesseln löste und mir erlaubte niederzusitzen, fühlte ich, dass mir die Sinne schwanden. Das Urteil, das entsetzliche Todesurteil war der letzte Ausspruch, den meine Ohren deutlich vernahmen. Hiernach schmolzen die Stimmen der Richter in ein traumhaftes, ununterbrochenes Summen zusammen. Bis zu diesem Moment waren die Arten der Folter eher einfallslos gewesen. Nun erklärte man mir, dass man zwei Zettel in ein Behältnis gegeben habe. Auf einem stehe „TOD", auf dem anderen „BEGNADIGUNG". Dies war wahrscheinlich der grausamste Scherz von allen, da ich wusste, dass man auf beide Zettel „Tod" geschrieben hatte. Erst nachdem ich die Prüfung der Richter nicht bestanden und ihnen das Papier übergegeben hatte, auf dem die Zustimmung zum Grabe stand, begriff ich, dass ich anders hätte handeln sollen.

Was hätte ich tun können, um die Freiheit zu erlangen?

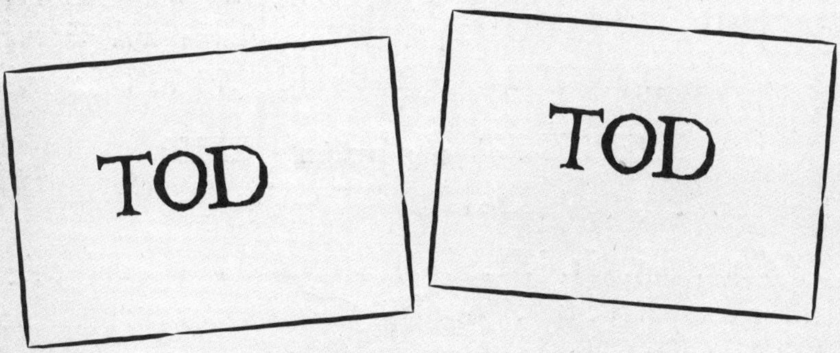

Lösung auf Seite 191

Schicksalhafte Behälter

Bald hörte ich nichts mehr. Doch *sah* ich noch eine Zeitlang – aber in welch seltsamer, schrecklicher Verzerrtheit erschien mir alles! Ich sah die Lippen der schwarzgekleideten Richter. Sie erschienen mir weiß und dünn bis zur Groteske; dünn und grausam fest geschlossen, dünn in unbeweglicher Härte, in strenger Verachtung aller Menschenleiden. Ich sah, dass Aussprüche, die mein Schicksal bedeuteten, noch immer über diese Lippen kamen, sah, wie sie sich im Sprechen des Todesurteils verzerrten. Ich sah sie die Silben meines Namens bilden, und ich schauderte, weil kein Laut zu hören war.

Nachdem ich die erste Chance nicht genutzt hatte, wurde mir eine weitere gegeben. Zwei Gefäße wurden vor mich hingestellt. Mir wurde gesagt, dass sich in dem einen einhundert rote Murmeln und in dem anderen einhundert schwarze Murmeln befänden. Ich dürfe die Murmeln neu verteilen, wie immer ich wolle, und wenn ich damit fertig sei, würden die Gefäße kräftig geschüttelt. Dann würden mir die Augen verbunden und ich würde zufällig eines der beiden Gefäße erhalten. Um begnadigt zu werden, müsse ich eine rote Murmel aus diesem Gefäß ziehen. Eine schwarze werde – natürlich – meinen Tod bedeuten.

Ich folgte der unerbittlichen Aufforderung der Richter und war wenig überrascht, dass ich wiederum versagt hatte: Die Murmel, die ich gezogen hatte, war schwarz wie die Herzen der Richter. Doch die quälende Frage ging mir nicht mehr aus dem Kopf:

Wie hätte ich die Murmeln verteilen sollen, um die beste Chance zu haben, freigelassen zu werden?

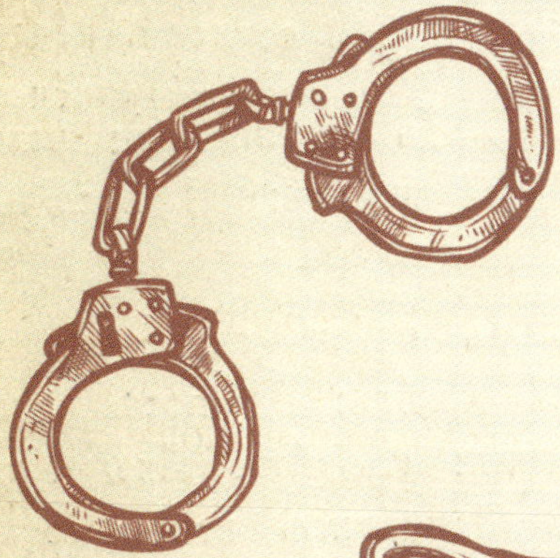

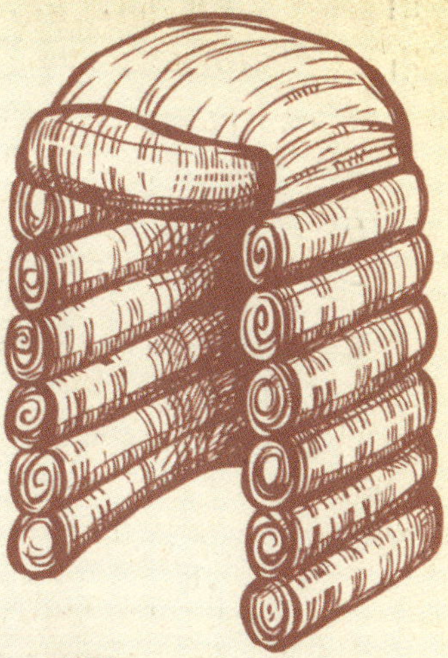

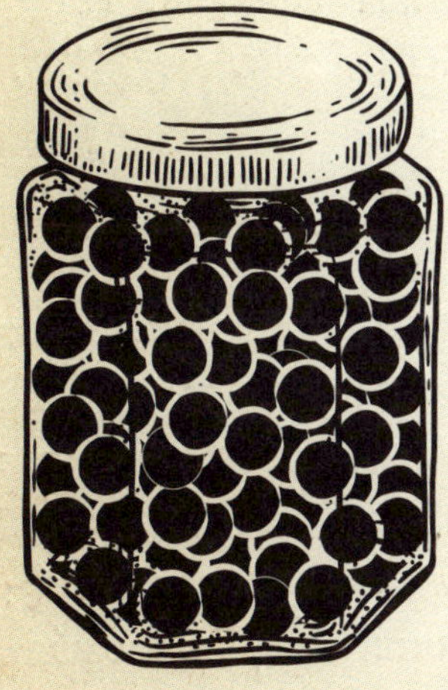

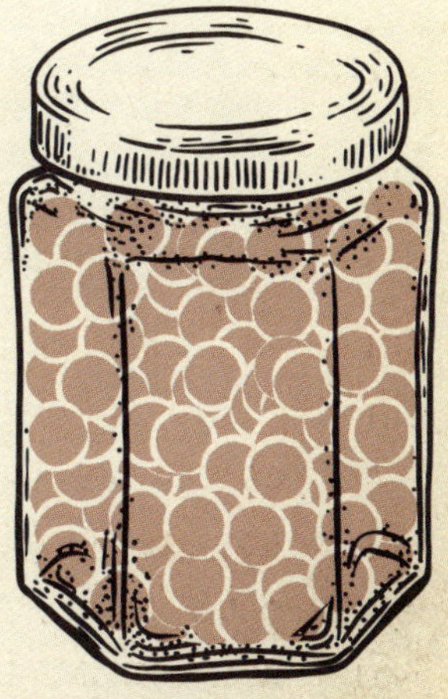

WASSER-
GRUBE UND
PENDEL

Lösung auf Seite 191

Die Marionettenparade

Der Gedanke stahl sich in meine Seele gleich einem vollen tröstenden Akkord, wie köstlich die Ruhe im Grabe sein müsse. Der Gedanke kam sanft und verstohlen, und es dauerte lange, bis er in voller Klarheit vor mir stand; doch gerade, als mein Geist ihn ganz begriff, ihn gleichsam innig fühlte, verschwanden wie durch Zauberschlag die Richter vor meinen Blicken; die hohen Kerzen versanken ins Nichts, ihre Flammen loschen aus; schwarze **Finsternis** siegte; alle Empfindungen gingen unter in einem tollen, rasenden Sturz – als falle die Seele in den Hades. Dann war meine Welt nur Schweigen und Stille und Nacht.

Ich lag in Ohnmacht. Ganz plötzlich empfand meine Seele wieder Bewegung und Klang: die stürmischen Schläge des Herzens – und in den Ohren ihren Widerhall. Dann eine Pause, in der alles nichts war. Dann wieder Klang und Bewegung und Gefühl, ein Prickeln durch den ganzen Körper. Ich erwachte und sah neun Personen, jede so elend wie ich, die mit mir in einer Reihe standen. Jeder Gefangene war in die gleiche Richtung gewandt und konnte nur die Personen vor ihm sehen. Ein Richter verkündete, dass er auf den Kopf jeder Person entweder einen roten oder einen schwarzen Hut setzen und dabei die Farben in beliebiger Reihenfolge und Anzahl verteilen werde. Aufgrund unserer Anordnung würde dabei jeder Gefangene nur die Farbe der Hüte vor sich erkennen können.

Der Richter erklärte, er werde dann die Reihe von hinten nach vorne abschreiten und dabei jeden Gefangenen, mich eingeschlossen, fragen, welche Farbe der Hut habe, den er trage. Die Frage dürfe nur mit „rot" oder „schwarz" beantwortet werden. Antworte der Gefangene korrekt, so werde er freigelassen, antworte er falsch, so werde er sterben. Uns wurde ein Moment Zeit gelassen, damit wie uns ein Vorgehen überlegen konnten, während uns die Richter mit ihren kalten Augen musterten. Sie wollten, dass wir scheiterten – und das taten wir auch, denn wir konnten uns nicht einig werden über die Antwort auf die Frage:

Was konnte getan werden, damit die größtmögliche Anzahl von Gefangenen freigelassen würde?

WASSER-
GRUBE UND
PENDEL

Lösung auf Seite 191

Die Bestie liegt auf der Lauer

Als ich mich erholt hatte, sprang ich sofort auf die Füße. Ich streckte die Arme in die Höhe und rundum nach allen Seiten. Ich fühlte nichts und fürchtete dennoch, einen Schritt zu machen, aus Angst, an die Mauern eines Grabes zu stoßen. Der Angstschweiß brach mir aus allen Poren und stand in großen kalten Tropfen auf meiner Stirne.

Die Angst der Ungewissheit wurde schließlich unerträglich, und ich bewegte mich vorsichtig mit ausgebreiteten Armen vorwärts. Ich machte viele Schritte vorwärts, doch noch immer war alles Finsternis und Leere. Seltsame Geschichten waren über die Kerker in Umlauf – unwahr hatte ich sie immer genannt – aber sie waren furchtbar und so grausig, dass man nur im Flüstertone davon reden konnte. Hatte man mich für den Hungertod in dieser ewigen unterirdischen Nacht bestimmt; oder welches vielleicht noch grässlichere Schicksal erwartete mich? Meine ausgestreckten Hände fanden endlich ein festes Hemmnis. Es war eine Mauer – sehr glatt, schlüpfrig und kalt. Ich folgte ihr mit all der misstrauischen Vorsicht, die gewisse Berichte uralter Begebenheiten in mir erweckt hatten. Ich kam zu einer Tür, dann zu einer weiteren, dann zu einer dritten und dann zu einer vierten. Im selben Augenblick öffnete sich eine Tür mir zu Häupten. Ein schwacher Lichtschimmer erhellte das Dunkel.

An der ersten Tür war ein Zettel angebracht, auf dem stand: „Die BESTIE ist hinter der zweiten oder dritten Tür.“ An der zweiten Tür stand: „Die BESTIE ist hinter der ersten oder vierten Tür.“ Der Hinweis an der dritten Tür lautete: „Die BESTIE ist HIER.“ Und an der vierten Tür stand „Die BESTIE ist nicht hinter dieser Tür.“ Ich verstand sofort, auf welch grausame Probe meine Peiniger mich stellen wollten: Die BESTIE – was auch immer sie sein mochte – lag hinter einer der Türen, und drei der Hinweise an den Türen entsprachen nicht der Wahrheit. „Wo ist die Bestie?“, rief ich in die Dunkelheit, und die Dunkelheit blieb still.

Wo ist die Bestie?

WASSER-
GRUBE UND
PENDEL

59

Lösung auf Seite 192

Am Abgrund

Ich verließ die Wand und beschloss, den Raum zu durchqueren. Zuerst ging ich mit äußerster Vorsicht voran, denn obgleich der Boden anscheinend aus festem Material war, war er doch äußerst schlüpfrig. Auf diese Weise war ich zehn oder zwölf Schritt vorwärts gekommen, als der zerrissene Saum meines Gewandes sich in meinen Füßen verfing. Ich trat darauf und fiel mit voller Gewalt vornüber zu Boden. Mein Kinn ruhte auf dem Boden des Kerkers, meine Lippen aber und der obere Teil des Kopfes berührten nichts. Gleichzeitig schien meine Stirn in klebrigen Dämpfen zu baden, und der unverkennbare Geruch verwesender Schwämme drang mir in die Nase. Ich streckte den Arm aus und schauderte, als ich fand, dass ich genau am Rande einer kreisrunden Schachtöffnung hingefallen war, deren Umkreis festzustellen natürlich nicht in meiner Macht lag.

Es gelang mir, von dem feuchten Mauerrand ein Steinchen loszubröckeln; ich ließ es in den Abgrund fallen. Viele Sekunden lang horchte ich dem Widerhall, den sein Anschlagen an die Seitenwände verursachte. Ich erkannte, welches Los man mir zugedacht hatte: Noch einen Schritt weiter – und die Welt hätte mich nicht wiedergesehen! Ich versuchte zu sprechen und konnte doch mein Grauen nicht in Worte fassen. Aus der Finsternis des Kerkers starrte ich in die Finsternis des Lochs. „Löcher", flüsterte ich, und erinnerte mich des Rätselspruchs, den mich meine Mutter einst gelehrt hatte.

„Nur aus Löchern bestehe ich, die mit Löchern verbunden, und doch bin ich stark wie Eisen. Was bin ich?"

WASSERGRUBE UND PENDEL

Lösung auf Seite 192

Die Qual der Wahl

Die Form der Urteilsvollstreckung, der ich soeben durch einen Zufall entronnen war, entsprach ganz den mir bekannten Berichten über die Inquisition, die ich jedoch stets als alberne Übertreibung angesehen hatte. Ihren Opfern blieb nur die Wahl zwischen Sterben unter entsetzlichen Körperqualen und Sterben unter unerhörten Geistesschrecken. Mich hatte man für Letztere aufbewahrt. Durch lange Leiden waren meine Nerven so zerrüttet, dass ich beim Klang meiner eigenen Stimme erbebte und in jeder Hinsicht ein geeignetes Objekt für die auserlesenen Martern geworden war, die man mir zugedacht. An allen Gliedern zitternd tastete ich meinen Weg zur Mauer zurück. Ich war entschlossen, lieber dort zu sterben, als mich in die Schrecken der Grube zu wagen; meine Phantasie malte sich jetzt aus, dass ihrer viele hier im **Kerker** verteilt seien.

Ich konnte nicht vergessen, was ich über diese Brunnen gelesen: dass das sofortige Auslöschen des Lebens keineswegs in der Absicht derer lag, die diese entsetzlichen Wassergruben angelegt hatten.

Doch mein Schicksal sollte mich auf anderem Wege ereilen. Wieder öffnete sich die Falltür, wieder erhellte ein Lichtschimmer das Dunkel. Mir gegenüber erblickte ich drei weitere Türen.

An der ersten Tür standen zwei Hinweise: „Hinter dieser Tür liegt eine Grube“ und „Die Tür, durch die du in Sicherheit gelangst, führt in einen kleineren Raum“.

Auch an der zweiten Tür waren zwei Hinweise angebracht: „Hinter der ersten Tür liegt eine Grube“ und „Die Tür, durch die du in Sicherheit gelangst, führt in einen größeren Raum“. Auf der dritten Tür hingegen befanden sich folgende Hinweise: „Diese Tür führt zu einer Grube“ und „Die erste oder die zweite Tür ist die, durch die du in Sicherheit gelangst“. Da ich schon mehr über die Gedankenwelt meiner **Peiniger** wusste, als mir lieb war, erfasste ich die Probe, auf die ich gestellt wurde, sofort: Keine Tür enthielt mehr als eine falsche Aussage. Wie versteinert stand ich da, unfähig, eine einfache und vermutlich verhängnisvolle Entscheidung zu treffen:

Durch welche Tür sollte ich gehen?

Lösung auf Seite 192

Immer näher

An einen niedrigen Holzrahmen gefesselt, betrachtete ich die Decke meines Gefängnisses:

Eine gemalte Gestalt der Zeit hielt anstatt der Sichel ein großes Pendel, wie man es oft auf alten Uhren findet. Seine Schwingungen, 30 Fuß über meinem Kopf, waren kurz und selbstredend langsam. Ich beobachtete es einige Minuten etwas ängstlich, doch vor allem verwundert. Schließlich ermüdeten mich aber die langsamen Bewegungen, und ich wandte meine Aufmerksamkeit anderen Dingen in der Zelle zu.

Eine halbe Stunde verfloss, bevor ich meine Augen wieder aufwärts wandte. Was ich nun sah, verwunderte und entsetzte mich. Das Pendel hatte sich erkennbar um 3 Fuß gesenkt. Die Schwingungen des Pendels hatten an Ausdehnung zugenommen. Als natürliche Folge war auch seine Schnelligkeit viel größer. Ich bemerkte jetzt mit namenlosem Schrecken, dass sein unterer Teil in einem Halbmond aus blitzendem Stahl bestand, der von einem Horn zum andern einen Fuß maß; und die untere Kante schien scharf wie ein **Rasiermesser**. Die Schwingungen des Pendels liefen rechtwinklig zu meiner Körperlage. Ich sah, dass der Halbmond bestimmt war, mir quer durchs Herz zu schneiden. Er würde den Stoff meines Kleides schlitzen; er würde zurückschwingen und den Schnitt wiederholen – wieder und wieder.

Ich wusste, dass zum Wesen dieser Kerkertode eine Geißelung durch immer wieder neue **Schrecken** gehörte. Da ich dem Sturz in den Brunnen entgangen war, hatten meine Henker, die mich nicht etwa gewaltsam hinabstürzen würden, von jenem teuflischen Plane Abstand genommen, und es erwartete mich also eine andere, mildere Todesart. Milder! Ich musste trotz meines Grauens über diese Bezeichnung lächeln.

Ich begann mir herzuleiten, wie lange es dauern würde, bis das Pendel mich zerteilte, und meine Verzweiflung wurde nicht dadurch geringer, dass ich offensichtlich einige Zeit hatte, die Lösung zu finden.

Wie lange würde es dauern, bis das Pendel mich zerteilte?

WASSER-
GRUBE UND
PENDEL

65

Lösung auf Seite 193

Über den Flammen

Aus dem Brunnen kamen immer wieder neuen Schwärme von Ratten. Sie sprangen zu Hunderten auf mich herauf. Das gleichmäßige Schwingen des Pendels störte sie nicht im Mindesten. Seinen Streichen ausweichend, befassten sie sich damit, an meinen Fesseln zu nagen. Sie waren wild, frech, zudringlich, ihre roten Augen glühten mich an, als warteten sie nur darauf, dass ich mich nicht mehr rührte, um über mich herzufallen.

Sie ergossen sich auf mich in immer neuen Scharen; sie krochen über meinen Hals; ihre kalten Lippen suchten die meinen; der immer zunehmende Druck erstickte mich fast. Doch ich fühlte: noch eine Minute – und der Kampf war zu Ende und ich wäre frei. Deutlich empfand ich, wie sich die Fesseln lockerten. Ich wusste, dass sie an mehr als einer Stelle schon zernagt sein mussten: Das schwingende Pendel berührte schon meine Brust, aber der Augenblick der Befreiung war gekommen. Ruhig und vorsichtig, mich seitwärts zusammenkrümmend, entglitt ich langsam dem Bereich der stählernen Schneide. Für den Augenblick wenigstens war ich frei.

Frei! – Und in den Klauen der Inquisition! Ich war kaum auf den Steinboden der Zelle getreten, als die Bewegung der Höllenmaschine aufhörte und ich gewahrte, wie sie von irgendeiner unsichtbaren Kraft zur Decke emporgezogen wurde. Meine angstvollen Blicke prüften die Eisenwände, die mich einschlossen. Und da drang in meine Nase der Dunst von glühendem Eisen.

Lösung auf Seite 193

An der Absicht meiner Peiniger war nicht zu zweifeln. Ich war einer Todesart entgangen, um nun vielleicht Schlimmeres als Tod zu finden. Nach allem was passiert war, würde ich lebendig verbrennen. Alle andern Schrecken, nur nicht diese!

Dass ein Seil sich plötzlich aus seiner Halterung lösen würde, war sicher eine unbeabsichtigte Folge der Hitze. Das eine Ende des Seils schwebte nun knapp über dem Boden, das andere war in der Decke verankert, führte also zu der Falltür und damit in die Freiheit! Von der glühenden Wand war das Seil 4 Fuß entfernt, und als ich es straff gespannt zur Wand zog, befand sich das Seilende einen Viertelfuß über dem Boden. Mir war bewusst, dass ich aufgrund der beißenden Dämpfe kaum in der Lage war, zu klettern. Doch, so nahm ich an, könnte ich etwa 40 Fuß an Höhe zurücklegen, bevor ich den Dämpfen erliegen und hinunter fallen würde, meinem Schicksal entgegen.

„Werde ich entkommen?" Ich versuchte, mir die Frage nicht zu stellen, während ich mich an dem Seil emporzog. Und doch konnte ich an nichts anderes denken – außer vielleicht an die Ratten.

„Werde ich entkommen?"

An der Schwelle des Todes

Über die erregten Erörterungen, die der **höchst seltsame** Fall Valdemar hervorgerufen hat, wundere ich mich natürlich gar nicht. Trotz des Wunsches aller Beteiligten, die Sache vor der Öffentlichkeit geheim zu halten – wenigstens so lange, bis wir genauere Untersuchungen veranstalten konnten – trotz aller Mühe, die wir uns in dieser Hinsicht gaben, drangen doch falsche und übertriebene Gerüchte in weitere Kreise und veranlassten sehr unangenehme Auseinandersetzungen, vielfach auch spöttischen Unglauben. Ich halte es deshalb für notwendig, einen Bericht über die **Tatsachen** zu geben, soweit ich sie darlegen kann. Sie sind kurz gefasst folgende:

In den letzten drei Jahren war meine Aufmerksamkeit wiederholt auf den Mesmerismus gelenkt worden, und vor ungefähr neun Monaten fiel es mir plötzlich ein, dass es in der Reihe der vielen diesbezüglichen Experimente eine unbegreifliche Lücke gebe – man hatte noch nie einen **Sterbenden** mesmerisiert. Hierbei würde man nämlich feststellen können, ob in einem solchen Zustande ein Patient überhaupt für die magnetische Beeinflussung empfänglich sei und in welchem Maße oder auf wie lange Zeit man durch Mesmerisieren den Tod oder seine Folgeerscheinungen aufhalten könnte.

Indem ich mich nach einem Objekt für meine Studien umsah, fielen meine Gedanken unwillkürlich auf meinen Freund Ernest Valdemar. Er war hochgradig nervös und dadurch sehr empfänglich für mesmeristische Experimente. Auch stach er durch seinen Scharfsinn hervor. Dies war nicht unerheblich, denn in letzter Zeit war ich dazu übergegangen, den Mesmerisierten Rätselaufgaben zu stellen.

Indem ich durch ein mit Bedacht gewähltes Rätsel einen bestimmten Teil ihres eingeschläferten Denkens wiedererweckte, wollte ich mir Zugang zu ihrem restlichen Geiste verschaffen. Bei meinem ersten derartigen Versuch hatte ich der mesmerisierten Person beispielsweise folgendes Rätsel gestellt:

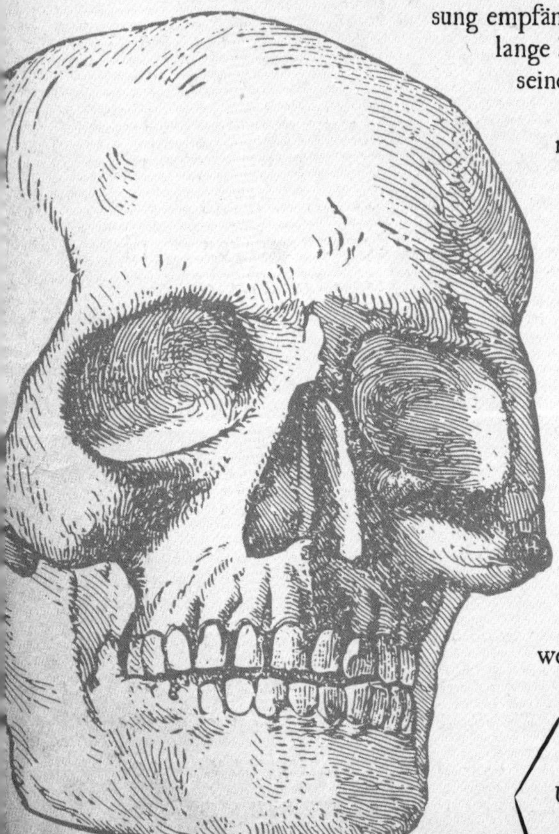

BERICHT
ÜBER DEN
FALL
VALDEMAR

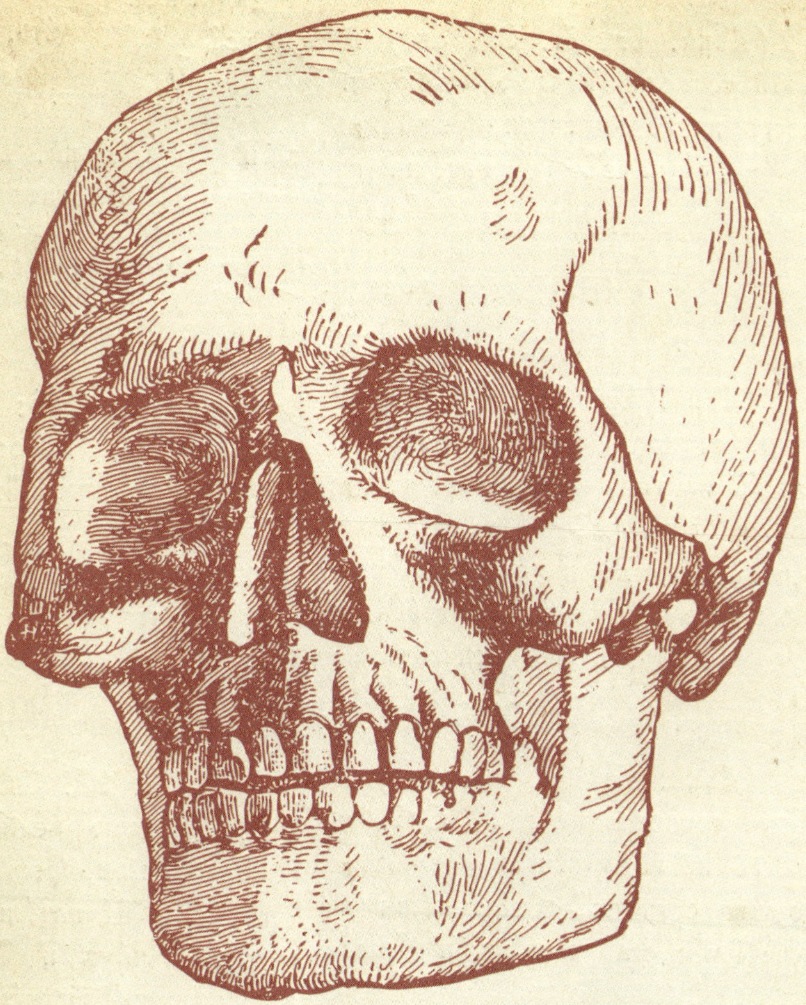

Atemlos und ohne Atemnot
lebt er kalt doch wie der Tod.

BERICHT
ÜBER DEN
FALL
VALDEMAR

Lösung auf Seite 193

Entgleiste Experimente

Ein- oder zweimal hatte ich Valdemar ohne große Schwierigkeiten eingeschläfert, in anderer Hinsicht aber wurden meine Erwartungen, die ich auf seinen körperlichen Zustand gesetzt hatte, enttäuscht. Sein Wille kam eigentlich nie unter meine Kontrolle, und ebenso wenig konnte ich ihn zu irgendwelchem **Hellsehen** bringen. Ich schrieb diese meine Misserfolge stets nicht seinem Geist, sondern seinem krankhaften Gesundheitszustand zu, denn schon ein paar Monate, bevor ich ihn näher kennenlernte, hatten mir die Ärzte mitgeteilt, dass er hochgradig schwindsüchtig sei. Es war also ganz natürlich, dass ich bei meinem Plan an Valdemar dachte. Ich kannte seine philosophische Abgeklärtheit und wusste, dass er keine Bedenken dagegen haben würde. Auch besaß er in Amerika keine Verwandten, die vielleicht Einspruch erhoben hätten. Daher sprach ich ganz offen mit ihm über den Gegenstand, und er interessierte sich sofort lebhaft dafür. Seine Krankheit verlief so, dass man den **Tag des Todes** ziemlich genau berechnen konnte, und wir kamen schließlich überein, dass er mich ungefähr einen Tag vor dem Zeitpunkt, für den die Ärzte den Beginn seines Sterbens erwarteten, holen lassen wollte. In den folgenden sieben Monaten traf ich ihn mehrmals, um ihn probeweise einzuschläfern. Doch waren diese Versuche nur zum Teil von Erfolg gekrönt. Es wollte sich keine Verbesserung seiner Empfänglichkeit einstellen – bis auf das eine Mal, bei dem er, wenn auch recht übellaunig, auf meine Rätselfrage antwortete:

„Auf der Bahnstrecke zwischen Baltimore und dem Ohio River startet ein Zug in Annapolis mit dem Ziel Rockwood. Eine Stunde später startet ein zweiter Zug in Rockwood in Richtung Annapolis. Beide Züge fahren mit exakt derselben Geschwindigkeit.

Welcher Zug wird näher bei Rockwood sein, wenn die beiden aufeinandertreffen?“

BERICHT ÜBER DEN FALL VALDEMAR

Lösung auf Seite 193

Die Farben des Todes

„Sie können jetzt ruhig kommen. Ich werde die morgige Mitternacht nicht überleben."

Ich empfing den Brief eine halbe Stunde, nachdem er geschrieben war, und fünfzehn Minuten später befand ich mich im Sterbezimmer des Mannes. Ich erschrak über die furchtbare Veränderung, die bei ihm eingetreten war. Sein Gesicht hatte eine bleigraue Farbe, seine Augen waren vollständig glanzlos, und die Abmagerung ging so weit, dass die Backenknochen durch die Haut traten. Trotzdem verfügte er über eine bemerkenswerte geistige Kraft. Als ich das Zimmer betrat, erklärte er, er sei noch immer begierig darauf, das Experiment durchzuführen, und drängte mich, sofort damit zu beginnen. „Ja, ich wünsche mesmerisiert zu werden", sagte er schwach. „Ich fürchte, Sie haben es zu lange hinausgeschoben."

Während er dieses sagte, begann ich die Striche, die ich bei ihm schon als besonders einschläfernd erkannt hatte. Da der Kranke schon im Todeskampf lag, ging ich ohne Zögern vor und richtete meinen Blick fest auf sein rechtes Auge. Sein Puls war jetzt nicht mehr fühlbar, der Atem ging rasselnd. Dieser Zustand blieb eine Viertelstunde lang fast unverändert. Dann aber entrang sich der Brust des Sterbenden ein tiefer Seufzer, und das rasselnde Atemgeräusch war nicht länger hörbar.

Fünf vor elf bemerkte ich unzweifelhafte Anzeichen der mesmerischen Einwirkung. Das glasige Aussehen der Augen war dem eigentümlichen, nach innen gerichteten Blick gewichen, der für Eingeschläferte so charakteristisch ist. Valdemar lag in einem ungewöhnlich tiefen mesmeristischen Schlaf, und so wagte ich es, einen Teil seines eingeschläferten Geistes zu erwecken.

„Drei Männer trafen sich auf der Straße", so begann ich, ohne mir gewahr zu sein, in welches Wespennest ich gerade stach, „Herr Gelb, Herr Weiß und Herr Schwarz. ‚Ist euch bewusst', fragte Herr Weiß, ‚dass wir drei in Gelb, Weiß und Schwarz gekleidet sind und dabei niemand die Farbe seines Namens trägt?' ‚Da haben Sie recht!', antwortete der Mann in Gelb erstaunt.

Welcher Mann trug welche Farbe?"

BERICHT
ÜBER DEN
FALL
VALDEMAR

Lösung auf Seite 193

Von den letzten Dingen

„Valdemar", fragte ich, „schlafen Sie?" Er gab keine Antwort, aber ein leichtes Zittern, das ich an seinen Lippen bemerkte, veranlasste mich, die Frage mehrmals zu wiederholen. Schließlich hielt ich es nicht für angebracht, ihn noch weiter zu stören. Es war nunmehr die Meinung, oder vielmehr der Wunsch seiner Ärzte, dass man Valdemar in diesem ruhigen Zustande bis zum Eintritt des Todes lassen sollte, was nach unserer aller Ansicht nur noch wenige Minuten dauern konnte. Ich beschloss aber, noch ein einziges Mal zu ihm zu sprechen, und wiederholte einfach meine letzte Frage.

Bei meinen Worten trat eine auffällige Veränderung im Aussehen des Mesmerisierten ein. Die Augen öffneten sich, wobei die Pupillen nach oben rollten, die Haut nahm einen leichenhaften Schimmer an. Die Unmittelbarkeit der Veränderung erinnerte mich an das durch einen **Windstoß** verursachte Erlöschen einer Kerze. Die Oberlippe, die bisher die Zähne bedeckt hatte, zog sich in demselben Augenblick zurück, während der ganze Unterkiefer mit einem hörbaren Ruck herabfiel, so dass der Mund weit offen stand und deutlich die geschwollene schwärzliche Zunge zeigte. Ich komme jetzt bei meinem Bericht zu einem Punkt, wo mir jeder Leser den Glauben verweigern wird. Trotzdem halte ich es für meine Aufgabe, einfach in meinem Bericht fortzufahren. Bei Valdemar war auch nicht das schwächste Zeichen von Leben mehr festzustellen, und in der Überzeugung, er sei tot, wollten wir ihn schon der Obhut des Pflegepersonals überlassen, als wir eine starke, zitternde Bewegung an der Zunge bemerkten. Dann aber kam zwischen den starren und bewegungslosen Kiefern eine grauenhafte Stimme hervor – die auch nur beschreiben zu wollen Wahnsinn wäre, schon aus dem einfachen Grunde, weil nie ähnliche Laute ein **menschliches Gehör** gequält haben.

Valdemar sprach – und zwar in Antwort auf meine wenige Minuten vorher an ihn gerichtete Frage, ob er schliefe. Er sagte Folgendes:

„Ja – nein – ich habe geschlafen – und jetzt – jetzt – **bin ich tot.**" Die Pfleger verließen sofort das Zimmer und konnten durch nichts veranlasst werden, zurückzukommen. Einem Tor ins Jenseits gegenüberstehend, das ich selbst geschaffen hatte, wusste ich nichts anderes zu tun, als ein weiteres Rätsel zu stellen:

„A B D O P Q. Wie lautet der nächste Buchstabe in dieser Reihe?" Grauenvoll zitterte die schwärzliche Zunge im Munde des Verstorbenen – dann gab Valdemar zu meinem Erstaunen die richtige Antwort.

BERICHT ÜBER DEN FALL VALDEMAR

Lösung auf Seite 193

Wie lautet der nächste Buchstabe in der Reihe?
BERICHT ÜBER DEN FALL VALDEMAR

Das alles verzehrende Ende

Von dieser Zeit an bis zum Ende der vorigen Woche – also fast sieben Monate lang – fuhren wir fort, täglich in Valdemars Haus vorzusprechen. Während dieser ganzen Periode blieb der Eingeschläferte in **genau demselben Zustande,** wie ich ihn zuletzt beschrieben habe.

Am letzten Freitag nun beschlossen wir endgültig, ihn aufzuwecken oder wenigstens den Versuch zu machen, ihn aufzuwecken, und das (vielleicht) unglückliche Resultat dieses Versuchs hat dann zu vielen Auseinandersetzungen in privaten Kreisen und zu den nach meiner Ansicht unberechtigten Gefühlsausbrüchen geführt.

Um Valdemar aus der mesmeristischen Einschläferung zu erwecken, machte ich wieder die gewöhnlichen Striche, doch ohne Erfolg. Wie schon zu Valdemars Lebzeiten und dann in seinem Tode stellte ich ihm also ein Rätsel. Einen Moment lang zeigte er keine Reaktion, doch dann kam das erste Anzeichen des Erwachens: eine kleine Senkung der Iris. Als besonders auffallend wurde hierbei bemerkt, dass bei diesem Herabtreten der Pupille eine **gelbe Flüssigkeit** unter dem Augenlid herausfloss, die einen durchdringenden und sehr unangenehmen Geruch verbreitete. Die Zunge bebte oder vielmehr rollte heftig im Munde, obgleich die Kiefer und Lippen so starr blieben wie vorher, und schließlich brach dieselbe grauenhafte Stimme hervor, wie ich sie schon geschildert habe:

„Um Gotteswillen! – schnell! – schnell! – schläfern Sie mich ein – oder schnell! – erwecken Sie mich! – schnell! – ich sage Ihnen ja, dass ich tot bin!“

Ich war vollständig außer Fassung und konnte mich im Augenblick nicht entscheiden, was ich tun sollte. Schließlich beschloss ich, ihn zu erwecken. Was aber wirklich geschah, darauf konnte unmöglich irgendein menschliches Wesen vorbereitet sein. Während ich meine mesmerischen Striche machte, brachen die Ausrufe „tot! tot! tot!“ direkt von der Zunge und nicht von den Lippen des Leidenden, und plötzlich im Zeitraum von kaum einer Minute sank der ganze Körper unter meinen Händen in sich zusammen. Er zerfiel und verweste förmlich vor unser aller Augen, und auf dem Bett lag nur noch eine halbflüssige Masse von unerträglicher, ekler Fäulnis. Nie werde ich diesen unheilvollen Ausgang des Experiments vergessen können, ebenso wenig wie die verhängnisvolle Frage, die ihn heraufbeschwor:

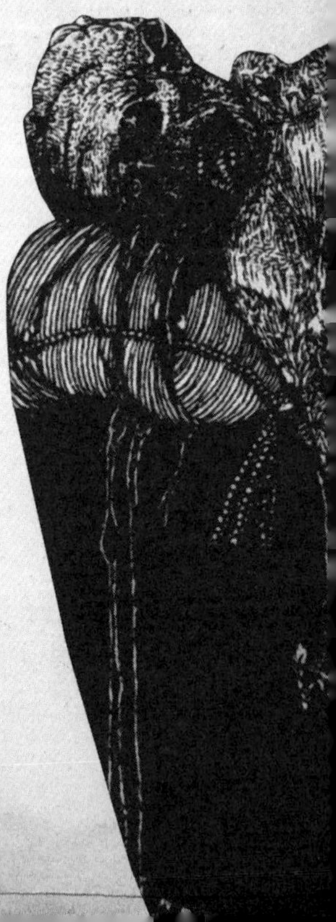

BERICHT
ÜBER DEN
FALL
VALDEMAR

Lösung auf Seite 193

„Trinke ich, so sterbe ich. Esse ich, so gedeihe ich. Was bin ich?“

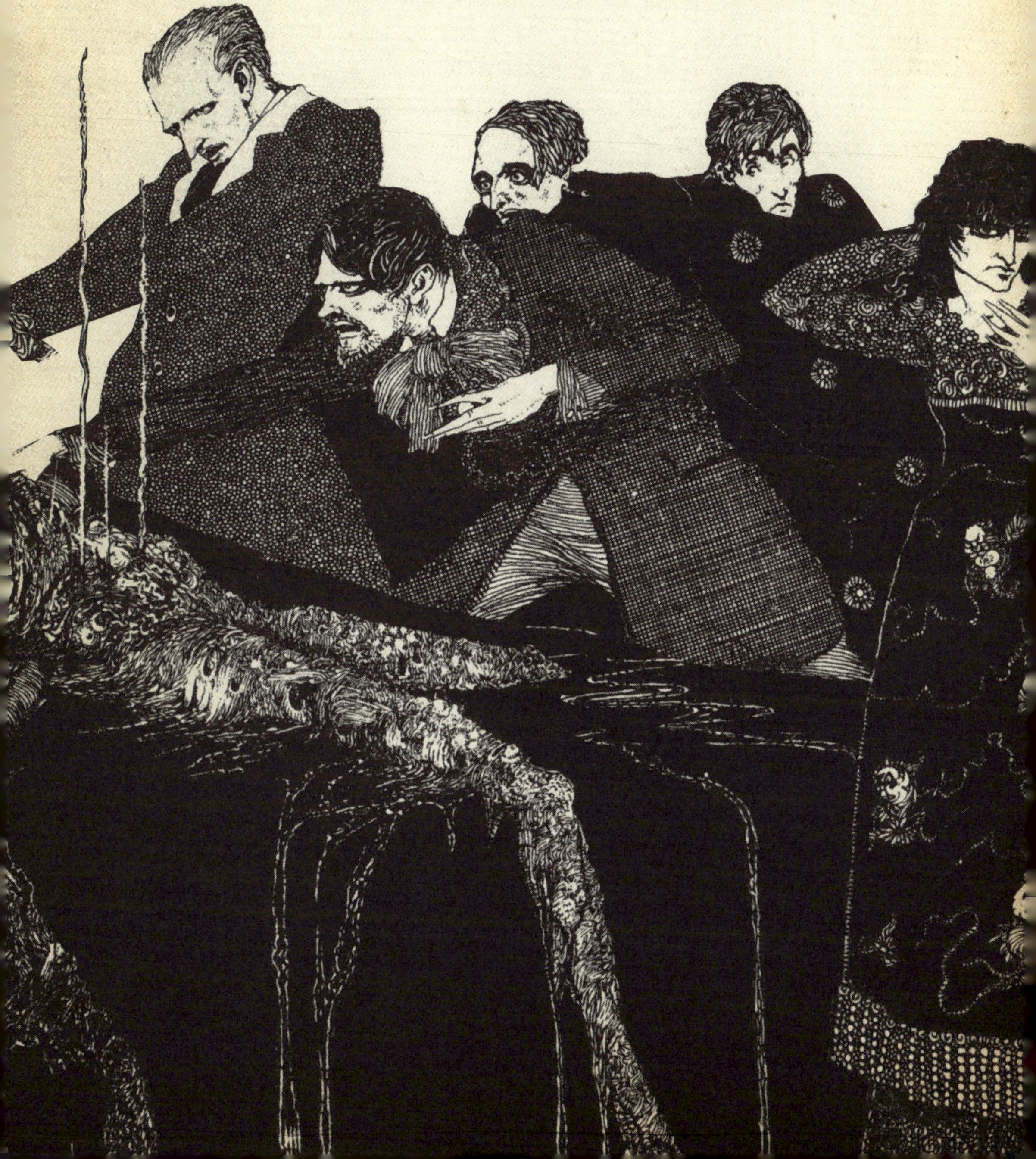

Das Fass Amontillado-wein

Falscher Fasching im Mai

Die tausend Kränkungen, die Fortunato mir zufügte, ertrug ich, so gut es ging, aber als er zu Beschimpfungen überging, schwor ich, mich zu rächen. Für mich war eines sicher, nämlich, dass meine Rache einmal kommen werde, und gerade, weil mein Entschluss so fest stand, hütete ich mich, bei der Durchführung irgendeine Gefahr zu laufen. Ich musste ihn nicht nur bestrafen, sondern ihn bestrafen, ohne selbst bestraft zu werden. Es muss vorausgeschickt werden, dass ich Fortunato weder mit Wort noch Tat Grund gab, meine gute Gesinnung anzuzweifeln. Ich fuhr fort, liebenswürdig zu ihm zu sein, und er gewahrte nicht, dass mein Lächeln jetzt dem Gedanken seiner Vernichtung galt.

Er hatte eine Schwäche, dieser Fortunato – obschon er in anderer Hinsicht ein geachteter und sogar gefürchteter Mann war. Er brüstete sich damit, dass er ein Weinkenner sei. Was Bilder und sonstige Kunstschätze anging, so war Fortunato wie seine Landsleute ein Prahlhans, aber von alten Weinen verstand er wirklich etwas. In dieser Hinsicht glich ich ihm übrigens, ich war ebenfalls ein Kenner italienischer Weinsorten.

Es war eines Abends in der tollsten Karnevalszeit, als ich in der Dämmerung meinen Freund traf. Die örtliche Karnevalssaison hatte sich schon lange von der Fastenzeit losgelöst und fand irgendwann im Mai statt. Der Höhepunkt der Feierlichkeiten, der Faschingsdienstag, wurde zur Verwunderung aller am zweiten Sonntag im Monat veranstaltet.

Wann ist der früheste und wann der späteste mögliche Termin für den Faschingsdienstag?

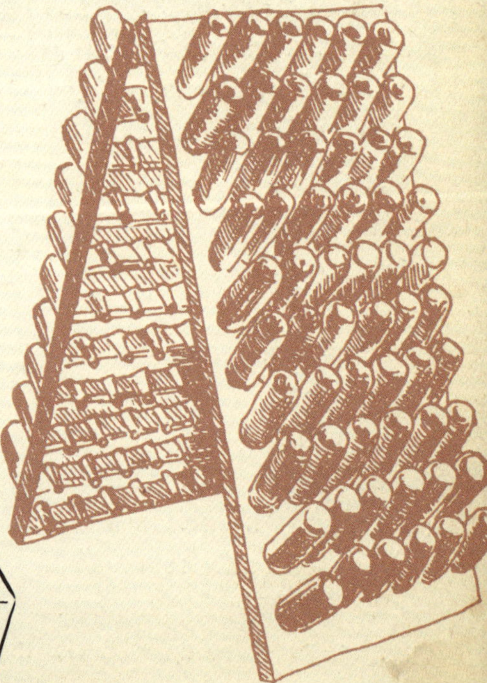

DAS FASS AMONTILLADO-WEIN

DAS FASS AMONTILLADO-WEIN

81

Lösung auf Seite 194

Ein Fass ohne Boden

Fortunato kam mit überschwänglicher Freundlichkeit auf mich zu, denn er hatte viel getrunken. Er war maskiert und trug ein eng anliegendes, bunt gestreiftes Narrenkostüm mit einer hohen, rundlichen Schellenkappe auf dem Kopf. Ich war so erfreut, ihn zu sehen, dass ich mir fast nicht genug tun konnte, ihm die Hand zu schütteln.

„Mein lieber Fortunato“, sprach ich zu ihm, „welch ein Glück, Sie zu treffen! Wie außerordentlich gut Sie aussehen! Denken Sie, ich habe ein Fass angeblichen Amontilladowein erhalten, aber ich bin mir nicht ganz sicher.“

„Was?“, rief er, „Amontillado? Ein ganzes Fass? Unmöglich! Und mitten im Karneval! Wie viel haben Sie bezahlt?“

„Ich war der Sache nicht ganz sicher“, antwortete ich, „und trotzdem töricht genug, den vollen Amontilladopreis zu bezahlen, ohne Sie in der Angelegenheit um Rat zu fragen. Ich habe drei Viertel meines Geldes für das Fass ausgegeben, und von dem, was mir verblieb, gingen nochmals drei Viertel dafür verloren, das Fass zu meinem Palazzo zu liefern. Aber Sie waren nicht zu finden, und ich fürchtete, dass mir der Einkauf entginge. Nun habe ich nur noch sechs Lire übrig.“

„Amontillado!“

„Wie viel Geld hatte ich am Anfang? Nicht einmal das weiß ich noch.“

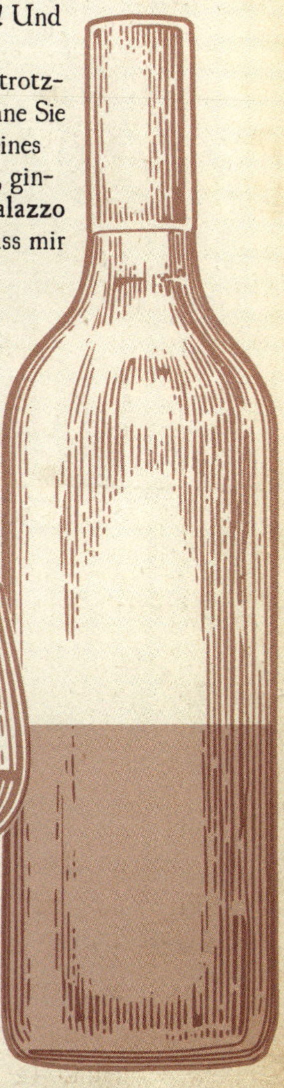

Lösung auf Seite 194

PAXTELUM
STERCORTA
IN PACE

Weininventur

„Amontillado!"

„Ich habe meine Zweifel."

„Amontillado!"

„Und ich muss sie zum Schweigen bringen."

„Lassen Sie uns zu Ihren Kellern gehen!"

„Nein, mein lieber Freund, ich will Ihre Gutmütigkeit nicht ausnützen. Ich sehe, Sie haben eine Verabredung."

„Ich habe keine Verabredung. Kommen Sie! Sie sind betrogen worden."

Mit diesen Worten ergriff Fortunato meinen Arm, und ich ließ mich eiligst von ihm nach meinem Palazzo führen. Keiner von der Dienerschaft war zu Hause; sie hatten sich alle entfernt.

Ich nahm zwei Fackeln aus ihren Halterungen, gab eine Fortunato und geleitete ihn durch eine Reihe von Gemächern nach dem Gewölbegang, der in die Keller führte. Ich schritt eine lange Wendeltreppe hinab, wobei ich ihn bat, mir vorsichtig zu folgen. Endlich kamen wir unten an, in den Katakomben der Montresors. Der Gang meines Freundes war schwankend, und die Glöckchen auf seiner Mütze klingelten bei jedem Schritt, den er machte.

„Das Fass?", fragte er.

„Es ist weit hinten", sagte ich, „aber ein Schluck Médoc wird uns stärken."

Damit nahm ich aus einer langen Reihe von Flaschen eine auf und schlug ihr den Hals ab.

„Trinken Sie", sagte ich, indem ich ihm den Wein reichte. Nunmehr lagen noch genau zwölf Flaschen Médoc vor uns auf dem mit Salpeter überzogenen Boden, nämlich drei Flaschen Saint-Pierre, drei Flaschen De Grâve, drei Flaschen Carnet und drei Flaschen Dubignon.

„Angenommen, unsere Fackeln würden plötzlich erlöschen. Wie viele Flaschen Wein müsste ich aufheben, um mit Sicherheit mindestens drei der gleichen Sorte zu haben?", fragte ich.

Lösung auf Seite 194

Gierige Diener

Wir kamen an langen Wänden von aufgehäuften Skeletten vorbei, zwischen denen Weinfässer und Tonnen standen, und gerieten in den abgelegensten Teil der Katakomben. Wieder blieb ich stehen.

Ich brach eine Flasche **De Grâve** auf und reichte sie ihm hin. Er leerte sie in einem Zug. Seine Augen flackerten wie Feuer. „Allein diese Flasche muss Sie ein Vermögen gekostet haben," bemerkte Fortunato.

„Sie hat mich tatsächlich ein Vermögen gekostet," antwortete ich. „Doch Sie sind reich, angesehen, bewundert. Ihr Leben ist wertvoll."

„Wie viel?", fragte er mit dem verwaschenen Interesse eines **Betrunkenen.**

„Ich habe den Wein über meinen Stammhändler erworben, und er ließ mir 5 % auf den Preis nach. Allerdings erhält auch mein Hausdiener von diesem Händler eine Provision in Höhe von 5 % auf meine Einkäufe, auf die er auch dieses Mal bestand. Da der Händler nur mit einem Gewinn von 5 % auf den Einkaufspreis kalkuliert hatte, hob er den Preis nochmals an. Hätte mein Diener nicht so auf seinen Anteil gepocht, hätte der Preis nur 882 Lire betragen."

Fortunato wandte sich nach mir um und sah mich mit zwei glasigen Augen an, die deutlich seine **Betrunkenheit** zeigten. Verwirrt fragte er:

Lösung auf Seite 194

„Wie viel haben Sie nun also gezahlt?“

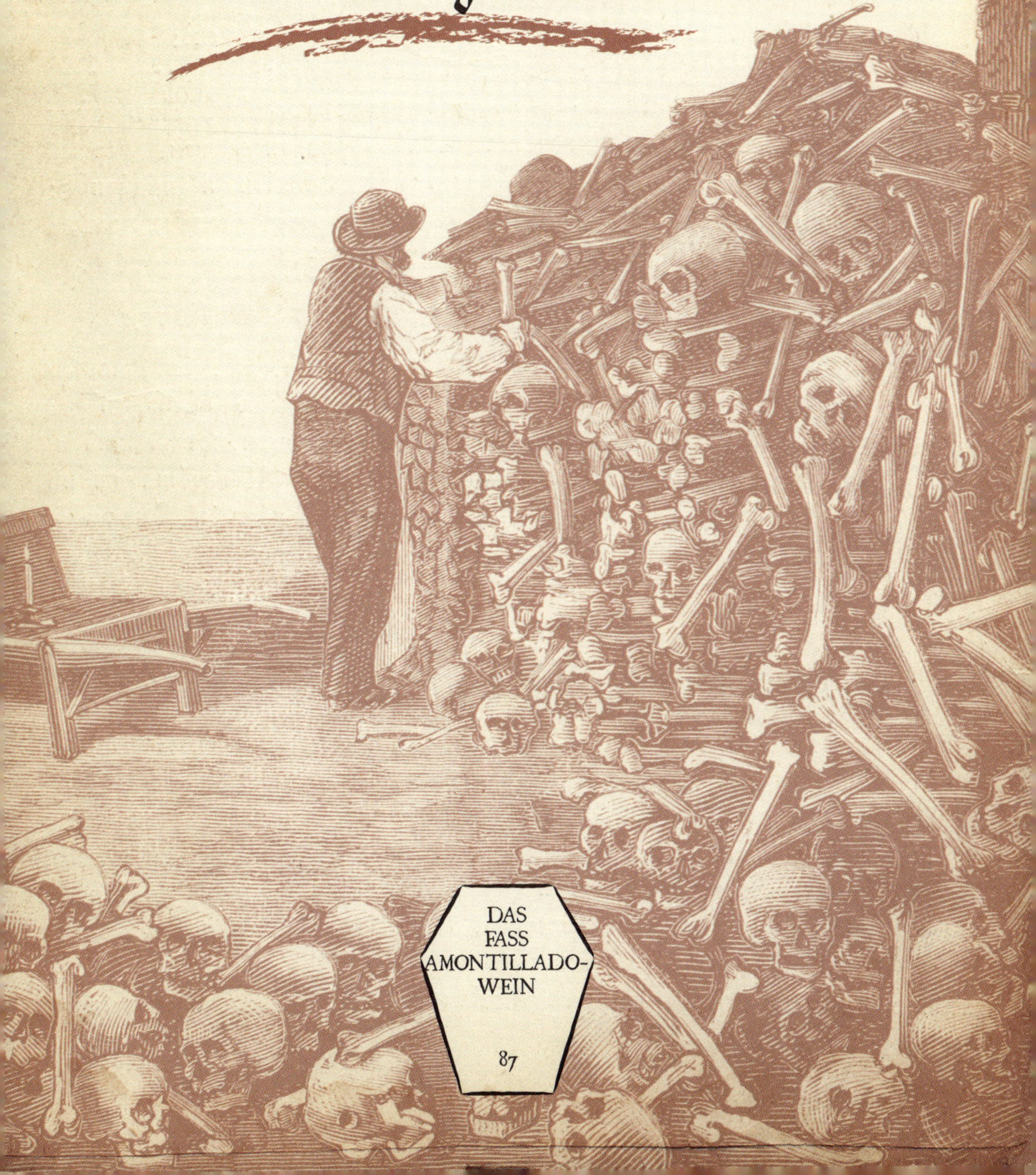

Verhängnisvolle Beute

„Hier drinnen können Sie schreien, so viel Sie wollen, niemand wird Sie finden.“ Nervös drehte sich Fortunato im Kreis.

„Allerdings waren diese Keller nicht immer so sicher. Einmal haben sich Diebe bis an genau diese Stelle vorgewagt. Sie stahlen zwei Dutzend Flaschen von meinem besten Wein: ein Dutzend normale Flaschen und ein Dutzend Flaschen der halben Größe. Doch die Beute war ihnen zu schwer zu tragen – so berichtete mir jedenfalls der örtliche Commissario –, und so tranken sie fünf der kleinen und fünf der großen Flaschen leer, um auf ihren Coup anzustoßen.

Um keine Spuren zu hinterlassen, nahmen sie die leeren Flaschen mit. Doch als sie in ihrem Versteck ankamen, erlebten sie eine böse Überraschung: Sie waren nicht in der Lage, die großen und kleinen Flaschen, von denen jeweils sieben voll und fünf leer waren, so unter sich aufzuteilen, dass jeder dieselbe Menge Wein und dieselbe Anzahl Flaschen besitze. Der Streit rief den Commissario auf den Plan, und damit war der Coup gescheitert. Allerdings „entkamen“ die Männer auf unerklärliche Weise, bevor sie zur Rechenschaft gezogen werden konnten. Es ist erstaunlich, wie oft unseren Polizisten Verbrecher entwischen und zu welch einem Wohlstand diese Polizisten gelangt sind.“

Ich habe schon oft über die Frage nachgesonnen, wie die Diebe ihre Beute hätten aufteilen können.

Dabei setze ich voraus, dass kein Wein von einer Flasche in eine andere umgegossen wird, denn selbst Verbrecher sind keine Barbaren.

Lösung auf Seite 194

Wie viele Diebe hätten es sein müssen, damit die Beute in gleiche Anteile hätte unterteilt werden können, und wie hätten die Diebe das bewerkstelligen sollen?

Entfernte Verwandte

Endlich ging es noch einmal hinab und wir gelangten in eine tiefe **Krypta**, in der die Luft so schlecht war, dass die Fackeln mehr glühten als flammten.

Am äußersten Ende der Krypta erschien eine zweite, die weniger groß war. An den Wänden waren bis hoch an die Gewölbedecken menschliche Gebeine aufgeschichtet, ähnlich so, wie man es in den großen Katakomben von Paris sieht. Am Ende dieser zweiten Krypta wiederum sahen wir noch eine tiefere Krypta oder eine Nische. Sie schien zu keinem besonderen Zweck angelegt zu sein, sondern nur den Zwischenraum zwischen zwei riesigen Pfeilern zu bilden, die die Wölbung der Katakomben trugen. Vergeblich versuchte Fortunato, indem er seine glimmende **Fackel** hochhob, in die Tiefe der Nische hineinzuspähen. Das schwache Licht gab keine Möglichkeit dazu.

„Meine gesamte Familie liegt hier in dieser Krypta", erzählte ich Fortunato, der noch versuchte, seine Augen an die Dunkelheit zu gewöhnen. „Mein Vater. Meine Mutter. Ihr Vater, ihre Mutter. Piruza. Fiordelise. Tortula. Und natürlich Onesta: Sie war die Schwester der Tochter des Ehemanns der Tante der Tochter von Tortula. Aber ich konnte mir nie merken, wie Onesta mit Tortula verwandt war. Wissen Sie es?"

Doch abermals wusste Fortunato es nicht. Das war das Zeichen, auf das ich noch gewartet hatte.

„Es tut auch nichts zur Sache. Gehen Sie vor", sagte ich, „hier drinnen liegt der Amontillado."

Lösung auf Seite 195

In welchem Verwandtschaftsverhältnis standen Onesta und Tortula?

Vergebliches Flehen

Fortunato schritt unsicher weiter, während ich ihm auf den Hacken folgte. In einem Augenblick hatte er das Ende der Nische erreicht, und da sein Weitergehen durch die Felswand verhindert wurde, blieb er in blöder Verwirrung stehen. Einen Moment später hatte ich ihn aber schon an den Granit gefesselt. Er war viel zu erstaunt, um Widerstand zu leisten. „Der Amontillado“, rief mein Freund.

„Gewiss“, antwortete ich, „der Amontillado.“ Mit diesen Worten begann ich eifrig, eine Mauer vor dem Eingang zur Nische zu errichten.

Ich hatte kaum die erste Steinreihe gelegt, als ich entdeckte, dass die Trunkenheit Fortunatos in hohem Maße geschwunden war. Das erste Anzeichen davon war ein tiefes, klagendes Stöhnen aus dem Hintergrund der Nische. Das war nicht das Stöhnen eines Betrunkenen. Kurz darauf erklangen ängstliche Befehle, dann schrille Schreie, schließlich klägliche Bitten. Fortunato fragte mich, was er tun könne, um meinem „wirklich guten Spaß“, meinem „ausgezeichneten Witz“ zu entkommen. Ich könne ihm eine beliebige Frage stellen, so sagte er, und er werde sie beantworten. Da ich die elfte und letzte Steinreihe schon beinahe vollendet hatte, gab ich seiner Bitte nach, denn sein Schicksal stand nun so unverrückbar fest wie bald die Mauer.

„Versuch’s nur, beschwör mich,
Versuch’s nur, verfluch mich,
Versuch’s nur, beknie mich,
Am Ende der Suche
Da triffst du auf mich.“

„Wer bin ich?“

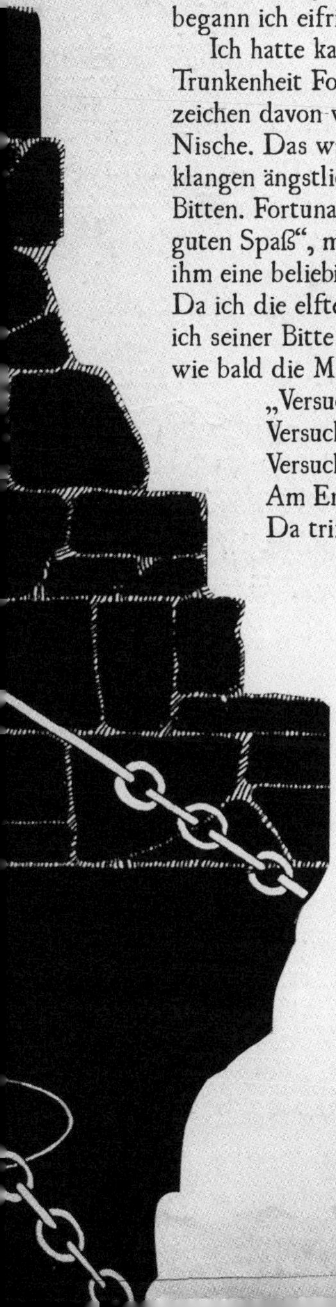

Lösung auf Seite 195

Ein Ballonflug

Erstaunliche Nachrichten durch den Kurierzug via Norfolk! – Der Atlantische Ozean in drei Tagen überquert! – Endgültiger Triumph der Flugmaschine des Herrn Monck Mason! – Ankunft der Herren Mason, Robert Holland, Harrison Ainsworth und vier anderer Personen mit dem lenkbaren Ballon *Viktoria* nach einer Reise von fünfundsiebzig Stunden von einem Kontinent zum andern auf der Sullivans-Insel bei Charleston!!!! – Eingehende Beschreibung der Reise!!!!

Wie die Erde und der Ozean, so ist auch jetzt das Reich der Luft von der Wissenschaft unterworfen worden und wird zu einem allgemeinen und bequemen Verkehrsweg für die Menschheit gemacht werden. Man hat den Atlantischen Ozean soeben in einem Ballon überquert! und zwar ohne viel Schwierigkeiten – ohne augenscheinliche größere Gefahr – in einer durchaus lenkbaren Maschine – und in der unbegreiflich kurzen Zeit von fünfundsiebzig Stunden – von einem Kontinent zum andern!

Dank der Rührigkeit unseres Korrespondenten in Charleston sind wir als die Ersten imstande, dem Publikum einen ausführlichen Bericht über diese erstaunliche Reise zu geben, die vom Samstag, den 6., bis Dienstag, den 9., dauerte. Teilnehmer derselben waren Sir Everard Bringhurst, Mr. Osborne, ein Neffe des Lord Bentinck, die berühmten Aeronauten Monck Mason und Robert Holland, Harrison Ainsworth, der Autor des **„Jack Sheppard“**, sowie zwei Matrosen aus Woolwich – insgesamt sieben Personen. Zwei kürzlich vollkommen misslungene Versuche der Herren Henson und George Cayley hatten das Interesse des Publikums für die Luftschifffahrt sehr abgeschwächt. Mr. Hensons Flugversuch war besonders erfolglos gewesen: Seine Leiche wurde einen Monat später gefunden – unbekleidet und ein Streichholz in der Hand haltend.

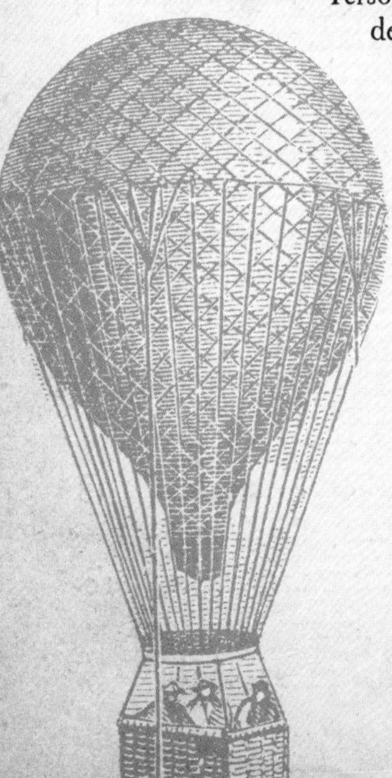

Wie war Mr. Henson zu Tode gekommen?

DER BALLON-SCHWINDEL

Lösung auf Seite 195

Regiert von einem boshaften Kind

Ich habe niemals jemand gekannt, der so sehr zu Scherz und Spaß aufgelegt war wie der König; es war geradezu sein Lebenselement. Eine lustige Geschichte gut erzählen – das war der sicherste Weg, sich bei ihm in Gunst zu setzen. So kam es, dass seine sieben Minister alle dafür bekannt waren, vollendete Spaßmacher zu sein. Sie glichen auch sonst dem König: sie waren nicht nur unvergleichliche Witzbolde, sondern auch große, korpulente, fette Männer. Ob die Leute vom Scherzen fett werden oder ob die Veranlagung zu Spaß und Scherz bei fetten Leuten besonders stark entwickelt ist, habe ich nie ganz genau feststellen können; Tatsache aber ist, dass ein magerer Spaßmacher ein *rara avis in terris* ist.

Dem König gefiel es sehr, seinen Ministern gemeine Spitznamen zu geben und sie körperlich gegeneinander antreten zu lassen; dies war besonders niederträchtig, da sie ja alle genau so korpulent waren wie der König selbst.

Der König hatte Flore, Gille, Lanval und Aucassin die Spitznamen Kröte, Karbunkel, Putenhirn und Enttäuscht-seine-Eltern gegeben, aber nicht notwendigerweise in dieser Reihenfolge, und hatte mehrere Wochen damit verbracht, zu bestimmen, dass Lanval schneller laufen konnte als Kröte (aber nicht so viel Gewicht heben wie Putenhirn), dass Kröte stärker war als Aucassin (aber langsamer als Karbunkel), und dass Flore schneller war als Lanval und Enttäuscht-seine-Eltern (dafür aber nicht so stark wie Kröte). Der King war sehr zufrieden mit dem Ergebnis seiner langen Überlegungen. Das einzige Problem war: Er konnte sich nicht mehr daran erinnern, welchen Spitznamen er welchem Minister gegeben hatte.

HOPP-FROSCH

Lösung auf Seite 195

Wie lautete der Spitzname eines jeden Ministers?

Spielball des Königs

Zu der Zeit, in der meine Geschichte spielt, waren berufsmäßige Spaßmacher bei Hofe noch nicht ganz aus der Mode gekommen. Mehrere „Großmächte" des Kontinents hatten noch ihre „Narren" in Narrenkleid und Schellenkappe, die zum Dank für die Brosamen, die ihnen an des Königs Tische zufielen, stets zu Spott und Witz bereit sein mussten.

Unser König hatte selbstverständlich auch seinen Hofnarren. Ich glaube nicht, dass dieser Zwerg schon bei der Taufe den Namen „Hopp-Frosch" zuerteilt erhielt, er verdankte ihn vielmehr dem weisen Rat der sieben Minister und seiner eigenen Unfähigkeit, wie andere Menschen aufrecht einherzugehen. Ich bin nicht imstande, mit Bestimmtheit anzugeben, aus welchem Lande Hopp-Frosch stammte, doch war er seiner Heimat gewaltsam entrissen und von einem der stets siegreichen Generäle dem König zum Geschenk gesandt worden.

Hopp-Frosch, obwohl nicht beliebt, erfreute den Hof unverdrossen mit Spötteleien und Rätseln. Diese machte er mit Absicht leicht zu lösen, um dem König zu schmeicheln, der die folgende Frage aber trotzdem nicht beantworten konnte:

„Seine Majestät, verehrte Herren: Die Tasche meines Narrenanzugs ist leer, und doch befindet sich etwas darin! Wissen Sie, was es ist?“

HOPP-FROSCH

Lösung auf Seite 195

HOPP-FROSCH

Lösung auf Seite 195

Einladung zum Ball

Anlässlich irgendeines großen Staatsereignisses (was es war, habe ich vergessen) hatte der König beschlossen, ein **Maskenfest** zu geben; und wann immer ein Maskenfest oder dergleichen an unserem Hofe stattfinden sollte, rief man die Talente Hopp-Froschs zu Hilfe. Denn Hopp-Frosch war so erfinderisch in der Zusammenstellung von Festaufzügen und wusste so prächtige Masken zu ersinnen, dass es war, als sei ohne seinen Beistand nichts zu machen.

Die Festnacht war gekommen. Eine glänzende Halle war ausgeschmückt worden; der ganze Hof war in fieberhafter Erwartung. Hopp-Frosch hatte jeder der handgeschriebenen Einladungen ein **Rätsel** beigelegt:

„Um am Maskenfest teilzunehmen, kommen Sie bitte zu der Zeit an, an der es, wenn es drei Stunden später wäre, doppelt so lang bis Mitternacht wäre, wie es wäre, wenn es vier Stunden später wäre".

Um wieviel Uhr begann das Maskenfest?

HOPP-
FROSCH

Die Zahl

„Komm her, Hopp-Frosch“, sagte der König, „leere diesen Becher auf die Gesundheit deiner fernen Freunde und dann begnade uns mit deiner Erfindungsgabe. Wir brauchen Rollen für das Maskenfest – irgendetwas Neues – noch nicht Dagewesenes! Wir haben das ewige Einerlei satt. Komm, trink! Der Wein wird dich erleuchten.“

Der Herrscher schien übler Laune zu sein. Er wusste, daß Hopp-Frosch den Wein nicht liebte, da das Trinken stets den armen Krüppel bis zum Wahnsinn aufregte, und Wahnsinn ist kein angenehmer Zustand. Aber dem König, der es liebte, jemand einen Schabernack zu spielen, machte es Spaß, Hopp-Frosch zum Trinken zu zwingen und ihn (wie der König es nannte) lustig zu machen.

Hopp-Frosch versuchte wie immer des Königs wohlwollende Ansprache mit einem Scherz zu beantworten, aber die Anstrengung war zu groß. Gerade heute nämlich war des armen Narren Geburtstag, und der Befehl, seinen „fernen Freunden“ zuzutrinken, zwang ihm Tränen in die Augen. Große und bittere Tropfen fielen in den Kelch, den er demütig aus der Hand des Tyrannen entgegennahm.

„Ah! Ha! ha! ha!“, grölte letzterer, als Hopp-Frosch den Becher widerwillig leerte. „Seht, was so ein Glas guten Weins vermag! Wahrhaftig, deine Augen glänzen schon!“

Armer Kerl! Seine großen Augen glänzten nicht nur, sie glühten.

„Komm, Hopp-Frosch, leihe uns deinen Beistand. Charakterrollen! Es mangelt uns an Charakteren – uns allen – ha! ha! ha! ha! Kannst du uns keinen Vorschlag machen?“

„Oh, ich habe einen Vorschlag“, sagte Hopp-Frosch. „Doch zuerst ein Rätsel:

Wie schreibt man 1000 ohne Nullen?“

Lösung auf Seite 195

Bal des Ardents

„Ich werde Sie als Orang-Utans einkleiden", sprach der Zwerg. Die Ähnlichkeit wird so verblüffend sein, dass die ganze Maskengesellschaft Sie für wirkliche Tiere halten wird – und man wird ebenso entsetzt wie erstaunt sein."

„O, das ist herrlich!", riefen König und Minister im Chor.

Hopp-Froschs Verfahren, alle als Orang-Utans zu verkleiden, war einfach, aber für seine Zwecke wirkungsvoll genug. Der König und seine Minister wurden in enganliegende, braune wollene Hemden und Unterhosen gesteckt. Dann wurden diese mit Teer getränkt, darauf eine dicke Schicht Flachs. Dann wurde eine lange Kette zuerst dem König um den Leib gelegt und festgeknotet, dann alle anderen Teilnehmer daran angekettet. Die acht Orang-Utans warteten auf Hopp-Froschs Rat mit ihrem Erscheinen bis Mitternacht. Das Entsetzen der Fesellschaft war ungeheuer und füllte das Herz des Königs mit Entzücken. Sie erholten sich von ihrer Verblüffung; sie begannen das Ganze als einen wohlvorbereiteten Scherz anzusehen und brachen über die Affen in lautes Gelächter aus.

„Überlasst sie mir!", kreischte jetzt Hopp-Frosch auf. „Ich glaube, ich kenne sie. Wenn ich sie mir nur einmal recht anschauen könnte!" Eine Fackel an sich reißend, sprang er dem König auf den Kopf und senkte die Fackel, um den Orang-Utans ins Antlitz zu leuchten.

„Aha!", sagte der Spaßmacher. „Ich fange an zu begreifen, wer diese Leute sind!" Und wie um den König heller zu beleuchten, näherte er die Fackel dem Pelz, in dem jener steckte, so dass der Flachs augenblicklich in heller Garbe aufflammte. In weniger als einer halben Minute brannten alle Orang-Utans lichterloh; und es kreischte die entsetzte Menge und starrte wie gebannt zu den flammenden Körpern, denen sie keine Hilfe bringen konnte.

„Jetzt sehe ich **deutlich**", sagte er, „welcher Art Leute diese Maskierten sind. Es ist ein großer König mit seinen sieben Ministern. Was mich anbetrifft, so bin ich nur Hopp-Frosch, der Spaßmacher – **und das ist mein letzter Spaß.**"

Infolge der hohen Brennbarkeit sowohl des Flachses wie des Teers war das Rachewerk schon vollbracht, als er seine kurze Rede kaum beendet hatte. Binnen drei Minuten schaukelten die acht Leichname in ihren Ketten – eine **stinkende**, geschwärzte, ekelhafte, **unkenntliche** Masse. Hätte er eine größere Fackel handhaben können, hätte er seine Rache in nur zwei Minuten haben können, aber das tat nichts mehr zur Sache. Der Krüppel kletterte behände bis zur Decke empor und verschwand durch das Kuppelfenster.

Hätte Hopp-Frosch beide Fackeln – die größere und die kleinere – gleichzeitig verwendet: Wie lange hätte er dann dafür gebraucht, die acht Männer zu töten?

Lösung auf Seite 195

DER UNTERGANG DES HAUSES USHER

Unweit eines geisterhaft stillen Pfuhls

Ich war den ganzen Tag lang geritten, einen grauen und lautlosen, melancholischen Herbsttag lang – durch eine eigentümlich öde und traurige Gegend, auf die erdrückend schwer die Wolken herabhingen. Da endlich, als die Schatten des Abends herniedersanken, sah ich das Stammschloss der Usher vor mir.

Ich weiß nicht, wie es kam – aber ich wurde gleich beim ersten Anblick dieser Mauern von einem unerträglich trüben Gefühl befallen. Ich betrachtete das Bild vor mir – das einsame Gebäude in seiner einförmigen Umgebung, die kahlen Mauern, die toten, wie leere Augenhöhlen starrenden Fenster, die paar Büschel dürrer Binsen, die weißschimmernden Stümpfe abgestorbener Bäume – mit einer Niedergeschlagenheit, die ich mit keinem anderen Gefühl besser vergleichen kann. Es war ein frostiges Erstarren, ein Erliegen aller Lebenskraft – kurz, eine hilflose Traurigkeit der Gedanken, die kein noch so gewaltsames Anstacheln der Einbildungskraft aufreizen konnte zu Erhabenheit, zu Größe. Was mochte es sein – dachte ich, langsamer reitend – ja, was mochte es sein, dass der Anblick des Hauses Usher mich so erschreckend überwältigte?

Ich versuchte, mich mittels eines skurrilen alten Rätsels abzulenken – Was besitzt einen Ozean, hat jedoch kein Wasser? – doch, wie zu erwarten, war die Antwort wenig erheiternd, denn sie war mir nur allzu geläufig.

Was besitzt einen Ozean, hat jedoch kein Wasser?

Lösung auf Seite 196

Der verlorene Faden

Ich beschloss, in diesem schwermutsvollen Hause einen Aufenthalt von mehreren Wochen zu nehmen. Sein Eigentümer, Roderich Usher, war einer meiner liebsten Jugendfreunde gewesen, doch seit unserer letzten Begegnung waren viele Jahre dahingegangen. Da hatte mich jüngst bei meinem Aufenthalt in einem entlegenen Teile des Landes ein Brief erreicht, dessen seltsam ungestümer Charakter keine andere als eine persönliche und mündliche Beantwortung zuließ. Das Schreiben zeugte entschieden von nervöser Aufregung. Der Verfasser sprach von einer heftigen körperlichen Erkrankung – von niederdrückender geistiger Zerrüttung – und von dem innigen Wunsch, mich, der ich sein bester und tatsächlich sein einziger persönlicher Freund sei, wiederzusehen; er hoffe, meine erheiternde Gesellschaft werde seinem **Zustande** etwas Erleichterung bringen.

Die Art und Weise, in der dies und vieles andere gesagt war – die Herzensbedrängnis, die aus seinem Verlangen sprach – das war es, was mir kein Zögern erlaubte, und ich gehorchte daher dieser höchst seltsamen Aufforderung unverzüglich.

Tatsächlich jedoch ergaben große Teile des Briefes keinerlei Sinn, und dies bereitete mir große Sorge. Was, zum Beispiel, sollte ich nur mit dieser Passage anfangen, in der Usher schrieb:

„Einige Sirabs sind Klems. Alle Klems sind Gwareks. Einige Gwareks sind Losas. Einige Losas sind Klems. Somit müssen einige Sirabs Losas sein.

Teurer Freund, bitte helfen Sie mir –

Ist meine Schlussfolgerung wahr oder falsch?“

DER
UNTERGANG
DES HAUSES
USHER

III

Lösung auf Seite 196

Eine eigentümliche Atmosphäre

Es war eine seltsame Vorstellung, die in meiner Seele erstand, als ich meine Augen wieder hinaufrichtete auf das Wohnhaus selbst; es war eine Einbildung, so lächerlich in der Tat, dass ich sie nur erwähne, um zu zeigen, wie lebendig, wie stark die Eindrücke waren, die auf mir lasteten.

Ich hatte so auf meine Einbildungskraft eingewirkt, dass ich tatsächlich glaubte, das Haus und seine ganze Umgebung seien von einer nur ihm eigentümlichen Atmosphäre umflutet – einer Atmosphäre, die zu der Himmelsluft keinerlei Zugehörigkeit hatte, sondern die emporgedunstet war aus den vermorschten Bäumen, den grauen Mauern und dem stummen Pfuhl – ein giftiger, geheimnisvoller, trüber, träger, kaum wahrnehmbarer bleifarbener Dunst.

Von meinem Geist abschüttelnd, was Traum gewesen sein musste, prüfte ich eingehender das wirkliche Aussehen des Gebäudes. Das Auffallendste an ihm war sein beträchtliches Alter. Doch von irgendwelchem außergewöhnlichen Verfall war das Gebäude noch weit entfernt. Kein Teil des Mauerwerks war eingesunken, und die noch vollkommen erhaltene Gesamtheit stand in seltsamem Widerspruch zu der bröckelnden Schadhaftigkeit der einzelnen Steine. Außer dieses allgemeinen Verfalls bot das Haus jedoch nur wenige Merkmale von Baufälligkeit.

Vielleicht hätte allerdings ein scharfprüfender Blick einen kaum wahrnehmbaren Riss entdecken können, der an der Frontseite des Hauses vom Dach im Zickzack die Mauer hinunterlief, bis er sich in den trüben Wassern des Pfuhls verlor. Ebenso besaßen die beiden Hälften des Daches eine unterschiedliche Neigung. Die linke Hälfte, so ließ sich vermuten, fiel in einem 60°-Winkel nach unten ab, während die rechte Hälfte einen Winkel von 70° aufwies. In der Hoffnung, den Trübsinn des Nachmittags abzuschütteln, begann ich mich zu fragen –

Gesetzt den Fall, ein Hahn legt ein Ei genau auf den Dachfirst: Auf welche Seite des Daches würde das Ei rollen?

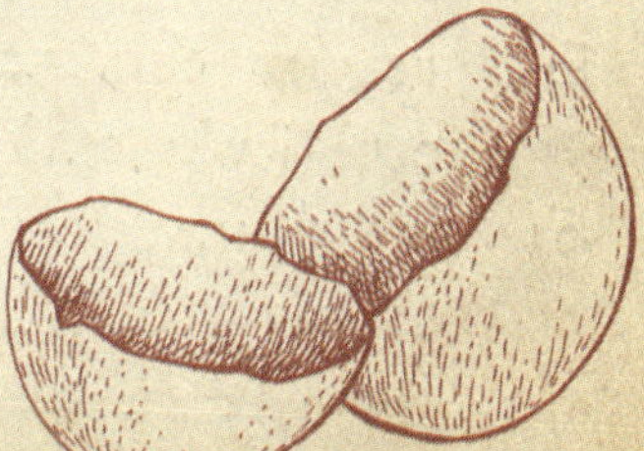

Lösung auf Seite 196

Die Dimensionen des Wahnsinns

Bei meinem Eintritt erhob sich Usher von einem Sofa, auf dem er lang ausgestreckt gelegen hatte, und begrüßte mich mit lebhafter Wärme, die mir zuerst übertrieben schien. Wir setzten uns, und da er nicht gleich sprach, betrachtete ich ihn mir eine Weile – und wurde von Mitleid und Grauen ergriffen. Sicherlich, kein Mensch hatte sich je in so kurzer Zeit so schrecklich verändert wie Roderich Usher!

Er besaß eine leichenhafte Gesichtsfarbe. Dieser Zug war so auffällig und zeugte von so viel Wandel, dass ich große Zweifel daran hegte, ob das fahle Wesen, zu dem ich sprach, der stete Gefährte meiner Jugend war. Vor allem war ich bestürzt, ja entsetzt von der gespenstischen Blässe und dem gleichwohl übernatürlichen Strahlen des Auges. Er sprach von seinem dringenden Verlangen, mich zu sehen, und von dem trostreichen Einfluss, den er sich von mir erhoffte. Nach einer Weile kam er auf die Natur seiner Krankheit zu sprechen.

Es war, sagte er, ein ererbtes Familienübel, ein Übel, für das ein Heilmittel zu finden er verzweifle. Es äußere sich in einer Menge unnatürlicher Erregungszustände. Er litt viel unter einer krankhaften Verschärfung der Sinne; nur die geschmackloseste Nahrung war ihm erträglich, als Kleidung konnte er nur ganz bestimmte Stoffe tragen; jeglicher Blumenduft war ihm zuwider. „Ich werde zugrunde gehen“, sagte er, „ich muss zugrunde gehen an dieser Narrheit. Ich fürchte die Ereignisse der Zukunft – nicht sie selbst, aber ihre Wirkungen. Ich fürchte, dass früher oder später die Zeit kommen wird, da ich beides, Vernunft und Leben, hingeben muss.“

Nach und nach erfuhr ich von einem anderen sonderbaren Zug seiner geistigen Verfassung. Er war hinsichtlich des Hauses, das er bewohnte, in gewissen abergläubischen Vorstellungen befangen: Er war zu der Überzeugung gelangt, dass die Zimmer hin und wieder ihre Größe änderten, aber warum dem so war, dafür fand er keine Erklärung. Und so brachte er einen Großteil seiner Zeit damit zu, mit dem Maßstab in der Hand von Raum zu Raum zu schreiten, stets davon getrieben, zu überprüfen, dass ihr Ausmaß gleichbleibend wäre. Das Zimmer, in dem wir just standen, sagte er, besaß eine Bodenfläche von 24 mal 48 Fuß, während die Raumdiagonale 56 Fuß maß. Er sei gerade dabei gewesen, die Höhe des Raumes zu messen, als er mein Pferd erspäht habe. Ich entgegnete ihm, dass ich die Lösung bereits kannte, und seine Augen – wässrig und glänzend – suchten meinen Blick. „Wie hoch ist das Zimmer?“, flehte er mich an, „ich muss es wissen!“

Wie hoch ist das Zimmer?

DER
UNTERGANG
DES HAUSES
USHER

Lösung auf Seite 196

Im Kampf mit dem grässlichen Phantom

So sehr schmerzte es mich, Usher in solch völliger Verzweiflung zu wissen, dass ich während dieser Zeit ernstlich und angestrengt bemüht war, meinen Freund seinem Trübsinn zu entreißen. Ich schlug vor, gemeinsam zu malen oder zu lesen, jedoch kam ich mehr und mehr zur bitteren Erkenntnis, dass alle Versuche vergeblich sein mussten, ein Gemüt aufzuheitern, dessen Schwermut alle Dinge stetig und ausnahmslos mit düsteren Strahlen beflutete.

Die einzige Gelegenheit des Tages, während der es mir gelang, seine Aufmerksamkeit, wenn auch nur kurz, zu erregen, ergab sich, als ich ihm ein Problem darlegte, welches mich bei meiner schicksalshaften Ankunft erheitert hatte. Ich wies darauf hin, dass es in der nächsten Stadt mehr Einwohner gebe als Haare auf dem Kopf eines jeden Einwohners innerhalb ihrer Stadtbezirke, und dass niemand gänzlich kahl sei.

Stimmt es also, fragte ich, dass es mindestens zwei Einwohner mit genau derselben Anzahl an Haaren geben muss?

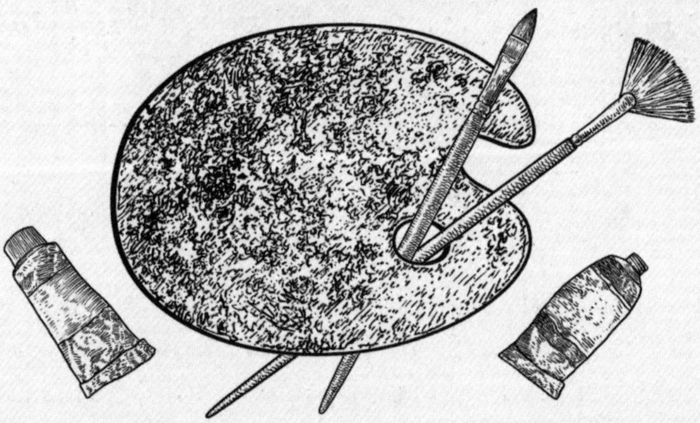

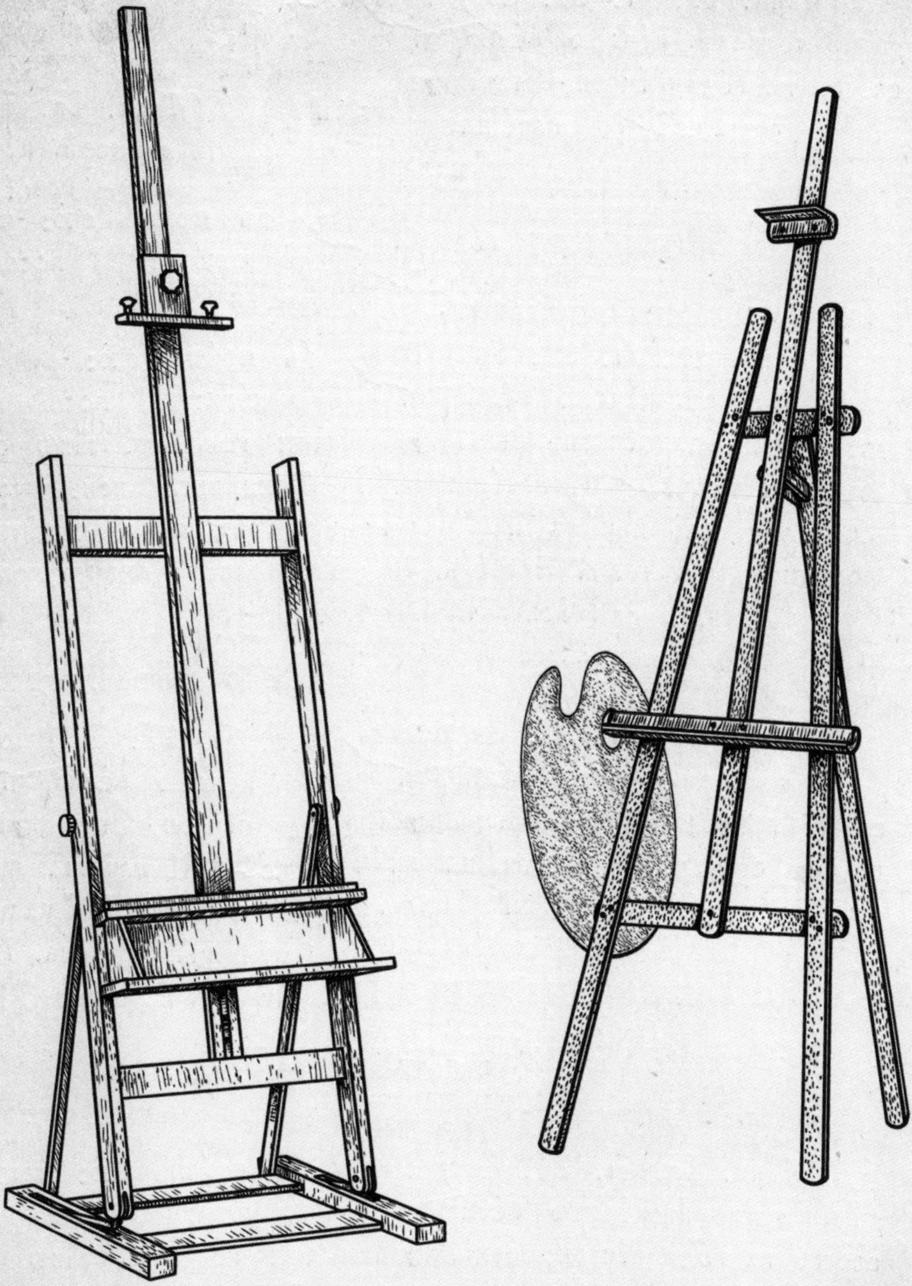

DER
UNTERGANG
DES HAUSES
USHER

Lösung auf Seite 196

Zerrissene, zerschlissene Herzen

Usher gab zögernd zu, dass die seltsame **Schwermut**, unter der er leide, einer natürlicheren Ursache zugeschrieben werden könne – nämlich der schweren und langwierigen Krankheit – ja der offenbar nahen Auflösung einer zärtlich geliebten Schwester – der einzigen Gefährtin langer Jahre – der letzten und einzigen Verwandten auf Erden. „Ihr Hinscheiden", sagte er mit einer Bitterkeit, die ich nie vergessen kann, „lässt mich als den Letzten des alten Geschlechtes der Usher zurück."

Während er sprach, durchschritt Lady Magdalen – so hieß seine Schwester – langsam den entfernten Teil des Gemachs und verschwand, ohne meine Anwesenheit beachtet zu haben. Ich betrachtete sie mit maßlosem Erstaunen, das nicht frei war von **Entsetzen**. Wie Erstarrung kam es über mich, als meine Augen ihren entschwebenden Schritten folgten. Als sich die Tür hinter ihr geschlossen hatte, suchte mein Blick unwillkürlich das Antlitz des Bruders – aber er hatte das Gesicht in den Händen vergraben.

Schon lange hatte die Krankheit der Lady Magdalen der Geschicklichkeit der Ärzte gespottet. Eine beständige Apathie, ein langsames Hinwelken, und eine zutiefst verwirrende Umformung ihrer Sprache lautete die ungewöhnliche Diagnose.

Usher erzählte, wie er mit der Zeit herausgefunden habe, dass jire holver ool in Magdalens verstümmeltem Vokabular „zerschlissene, zerrissene Kleider" bedeutete. Queg holver plu hieße „zerschlissene Herzen flicken", und mit kleest plu jire sei „flicke Kleider oft" gemeint.

„Ich vermag es kaum zu begreifen", sagte er, die ähnlich entstellte Sprache in seiner eigenen Epistel an mich offenbar ignorierend –

„Ich besitze ein ‚zerrissenes Herz'. Wie würden die zwei Wörter in ihrer Sprache lauten?"

DER UNTERGANG DES HAUSES USHER

Lösung auf Seite 196

Die Schrecken, die er vorausgeahnt hatte

„Es nicht hören? – Ich höre es wohl und habe es gehört. Viele Stunden, viele Tage habe ich es gehört – O, bedaure mich – elender Schurke, der ich bin! – Ich **wagte** nicht zu reden! Ich habe sie lebendig ins Grab gelegt! Sagte ich nicht, meine Sinne seien scharf? Ich sage dir jetzt, dass ich ihre ersten schwachen Bewegungen im dumpfen Sarge hörte, das Kreischen der eisernen Angeln ihres Gefängnisses und ihr qualvolles Vorwärtskämpfen durch den kupfernen Bogengang des Gewölbes. Hörte ich nicht schon ihren Tritt auf der Treppe? Kann ich nicht schon das schwere und schreckliche Schlagen ihres Herzens vernehmen?“– hier sprang er wie rasend auf und kreischte, als wolle er mit diesen Worten seine Seele hinausbrüllen – **„Ich sage dir, dass sie jetzt draußen vor der Tür steht!“**
Als läge in der übermenschlichen Kraft dieses Ausrufes die Macht eines Zaubers – draußen vor der Tür stand leibhaftig die hohe, ins Leinentuch gehüllte Gestalt der Lady Magdalen. Es war Blut auf ihrer weißen Gewandung, und die Spuren eines erbitterten Kampfes waren überall an ihrem abgezehrten Körper zu erkennen. Sie fiel mit einem leisen schmerzlichen Aufschrei ins Zimmer auf den Körper ihres Bruders – und in ihrem heftigen und nun endgültigen Todeskampf riss sie ihn tot zu Boden.

Wie verfolgt entfloh ich aus diesem Gemach und diesem Hause. Als ich den alten Teichdamm kreuzte, blickte ich zurück. Mondglanz, und der volle, untergehende, blutrote Mond schien jetzt hell durch den einst kaum wahrnehmbaren Riss, der vom Dach des Hauses bis zum Erdboden lief. Während ich hinstarrte, erweiterte sich dieser Riss mit unheimlicher Schnelligkeit – mein Geist wankte, als ich jetzt die gewaltigen Mauern auseinanderbersten sah; es

DER UNTERGANG DES HAUSES USHER

Lösung auf Seite 197

folgte ein langes, tosendes Krachen wie das Getöse von tausend Wasserfällen, und der tiefe und schwarze Pfuhl zu meinen Füßen schloss sich finster und schweigend über den Trümmern des **Hauses Usher**.
Eine merkwürdige Erinnerung an jene erste Nacht schlich sich ungewollt in meine Gedanken: „Wer fällt, ohne sich zu verletzen?“, hatte Roderich mich gefragt, und ich hatte vermutet, dass die Antwort auf sich warten lassen würde.

Wer fällt, ohne sich zu verletzen?

Eine streng logische Denkweise

Von meiner Heimat und meiner Familie lässt sich wenig sagen. Schlechte Behandlung hat mich von dieser vertrieben, und Jahre der Trennung haben mich jener entfremdet. Ererbter Reichtum verpflichtete mich zu einem sorgfältigen Bildungsgang, und mein grüblerischer Geist ermöglichte es mir, die Schätze frühen Studiums gründlich zu verarbeiten. Ich war berüchtigt wegen meiner Skepsis. Im Großen und Ganzen lief niemand weniger Gefahr als ich, ein Opfer abergläubischer Machenschaften zu werden. Dies nehme ich vorweg, um nicht den Eindruck zu erwecken, dass die unfassbare Geschichte, von der ich berichten will, allein den Windungen einer plumpen Phantasie entsprungen sind.

Nach vielen auf weiten Reisen im Ausland verbrachten Jahren trat ich von Batavia eine Segelreise nach dem Archipel der Sundainseln an. Der Anlass zu dieser Reise war kein geschäftlicher, sondern lediglich eine nervöse Rastlosigkeit, die mich plagte. Unser Fahrzeug war ein schönes, kupferbeschlagenes Schiff von etwa vierhundert Tonnen, das in Bombay aus malabarischem Teakholz gebaut worden war. Seine Fracht bestand aus Baumwolle und Öl von den Lachadive-Inseln. Ferner hatten wir Kokosbast, Zucker, konservierte Butter, Kokosnüsse und einige Behälter mit Opium an Bord.

Das Schiff war mit dieser Last fest gefüllt und hatte entsprechenden Tiefgang. Von den einhundert **Seelen** an Bord hatten 65 zuvor bei der Vereinigten Ostindischen Kompanie angeheuert, 78 hatten schon im Dienst der Britischen Ostindien-Kompanie gestanden, und – was zutiefst beunruhigend war – 13 waren zuvor noch nie zur See gefahren. Bevor wir die Segel setzten, hätte es sich wohl als klug erwiesen, zu erfragen, wer aus der Besatzung bereits für beide Kompanien gearbeitet hatte, jedoch hatten wir unseren Scharfsinn irgendwo in Batavia zurückgelassen.

Welcher Teil der Besatzung hat bereits bei beiden Kompanien angeheuert?

DAS MANUSKRIPT IN DER FLASCHE

Lösung auf Seite 197

Unter Deck

Wir stachen bei schwachem Wind in See und segelten an der Ostküste von Java dahin, ohne dass ein Zwischenfall die Monotonie unserer Fahrt unterbrach. Eines Abends gewahrte ich eine seltsame einzelnstehende Wolke. Sie fiel mir auf – einmal ihrer Farbe wegen, und dann, weil es die erste Wolke war, die sich seit unserer Ausfahrt sehen ließ. Ich beobachtete sie aufmerksam bis Sonnenuntergang, als sie sich ganz plötzlich nach Osten und Westen ausbreitete. Bald darauf überraschte mich der dunkelrote Mond und das sonderbare Aussehen des Meeres, das sich ungemein schnell veränderte; das Wasser schien durchsichtiger als gewöhnlich.

Die Luft war jetzt unerträglich heiß und mit Dunstspiralen geladen. Je näher die Nacht herankam, desto mehr erstarb der schwache Windhauch, und eine Ruhe herrschte, wie sie vollkommener gar nicht gedacht werden kann. Da aber der Kapitän sagte, er sehe keine Anzeichen einer drohenden Gefahr, so ließ er die Segel auftuchen und den Anker fallen. Es wurde keine Wache aufgestellt, und die Schiffsmannschaft lagerte sich ungezwungen auf Deck. Ich sprach dem Kapitän von meinen Befürchtungen; aber er schenkte meinen Worten keine Beachtung. Ich ging hinunter – mit der bestimmten Vorahnung eines Unheils. Alle Anzeichen schienen mir auf einen Samum hinzudeuten.

Meine Unruhe ließ mich nicht schlafen, also beschäftigte ich mich mit einer unlängst ersonnenen Übung, die mich mit ihrer präzisierten Eintönigkeit einlullen sollte. Sie beruhte darauf, einen Sack derart mit Baumwolle zu füllen, dass sich die Menge der Baumwolle in jeder Minute verdoppelte. Für gewöhnlich benötigte ich dafür zwei Stunden, aber meine Nerven waren

Lösung auf Seite 197

dermaßen aufgerieben, dass ich meine Tätigkeit nach einem zur Hälfte gefüllten Sack aufgab und meine Koje verließ.

Ich war mir nicht sicher, wie lange ich unter Deck geblieben war, doch als ich den Fuß auf die oberste Stufe der Kajütentreppe setzte, überraschte mich ein lautes, summendes Geräusch, das dem Sausen eines kreisenden Mühlrades glich, und ehe ich seine Ursache feststellen konnte, erbebte das Schiff. Im nächsten Augenblick stürzte ein heulender Schaumregen auf uns nieder, raste über uns hin und fegte das Schiff vom Steven bis zum Heck leer. Die jähe Wucht des Windstoßes war für die Rettung des Schiffes in gewissem Grade von Vorteil: Trotzdem es vom Wasser überschwemmt worden war, hob es sich doch, als seine Masten über Bord gegangen waren, nach einer Minute schwerfällig wieder aus der Tiefe, schwankte eine Weile unter dem ungeheuren Druck des Sturmes und richtete sich schließlich auf.

Wie lange war ich unter Deck geblieben?

Das Blatt wendet sich

Durch welches Wunder ich der Vernichtung entging, ist unmöglich festzustellen; so über alles Denken schrecklich war der Wirbel sich türmender, schäumender Wasser, die uns umtosten. Nur unter größter Mühe gelang es mir, mich aufzurichten. Nach einiger Zeit vernahm ich die Stimme eines alten Schweden, der sich, kurz bevor wir den Hafen verließen, als Matrose bei uns verdingt hatte. Wir entdeckten bald, dass wir die einzigen Überlebenden des Unfalls waren. Alle an Deck mit Ausnahme von uns beiden waren über Bord gefegt worden; der Kapitän und die Maate mussten im Schlaf umgekommen sein, denn die Kajüten waren ganz unter Wasser gesetzt worden.

Ohne Beistand konnten wir nur wenig zur Sicherheit des Fahrzeugs tun. Wir trieben mit furchtbarer Schnelligkeit dahin, und die Wasser machten alles um uns her zu Splittern. Das Fachwerk unseres Hecks war grässlich zerschmettert, und wir waren in jeder Hinsicht furchtbar zugerichtet.

Fünf volle Tage und Nächte – während deren unser einziger Unterhalt aus einer geringen Menge Zucker bestand, die wir mit großer Mühe aus dem Vorderschiff holten – raste der Schiffsrumpf mit unfassbarer Geschwindigkeit dahin, von kurzen, sprunghaften Windstößen getrieben, die, ohne der ersten **Heftigkeit** des Samums gleichzukommen, noch immer schrecklicher waren als irgendein Sturm, den ich vordem erlebte.

In dieser Zeit gab es wenig zu tun, sah mal einmal vom Kartenspiel mit den durchweichten, verbogenen Karten des Schweden ab. Wir spielten um imaginäre Schinken, deren Anzahl bis zum Ende der Woche nicht gezählt werden sollte. Wir beschlossen, dass die Schinken gänzlich gestrichen werden sollten, falls wir jemals auf die gleiche Zahl an Siegen kämen. Nachdem die fünf Tage vergangen waren, hatte ich vier Partien gewonnen und keinen Schinken – ob ausgedacht oder der Wirklichkeit entsprungen – erhalten. Der Schwede hatte jedoch drei Schinken gewonnen. Gemeinsam versuchten wir auszuknobeln, wie viele Partien wir gespielt hatten, aber im Tumult um uns herum gelang uns dies nicht.

Wie viele Partien waren gespielt worden?

Lösung auf Seite 198

Meeresstille und glückliche Fahrt

Vergebens erwarteten wir die Ankunft des sechsten Tages – der Tag, der für den Schweden niemals anbrach. Uns umhüllte tiefste Dunkelheit; auf zwanzig Schritt Entfernung vermochten wir keinen Gegenstand zu erkennen. Unausgesetzt umgab uns ewige Nacht, die nicht einmal von dem phosphoreszierenden Meeresleuchten erhellt wurde, an das wir in den Tropen gewöhnt gewesen waren.

Rundum war Schrecken und tiefste Finsternis und ungeheure, schwarze drückende Wüste. Mehr und mehr wurde der Verstand des alten Schweden von abergläubischem Grauen umnachtet, und meine eigene Seele hüllte sich in stummes Entsetzen. Wir gaben den Versuch, die Herrschaft über das Schiff wieder zu erlangen, auf, banden uns am stehengebliebenen Stumpf des Besanmastes fest und spähten angstvoll in den weiten Ozean hinaus. Jede Möglichkeit einer Zeitberechnung fehlte uns, und ebenso wenig wussten wir, wo wir uns befanden. Wir waren uns aber völlig klar, weiter nach Süden vorgedrungen zu sein, als je vorher ein Seefahrer gekommen war, und wunderten uns umso mehr, nicht den üblichen Eisbergen zu begegnen.

Inzwischen drohte jeder Augenblick unser letzter zu sein – jede berghohe Woge uns zu verschlingen. Ich erwartete schweren Herzens den Tod;

Lösung auf Seite 198

ich gab uns höchstens noch eine Stunde Frist. Währenddessen versuchte sich der Schwede darin, unsere Gemüter mittels Geschichten aus seiner Jugend zu erhellen, jedoch gestalteten sich diese oft unverständlich, denn er glitt zunehmend hinein in seine Muttersprache.

Je rauer die See, desto fantastischer wurden die Geschichten des Schweden. Sein Vater, so schwor er es mir hoch und heilig, hatte entschieden, demjenigen seiner Söhne sein Vermögen zu vermachen, der es am ehesten verdient hätte. So sollten die beiden die Küsten ihres Landes umsegeln. Dem Sohn, dessen Jolle als letzte ankäme, sollte das Erbe gebühren. Wochen brachten die Söhne damit zu, sich in dumpfer Trägheit treiben zu lassen, ehe sie sich in einer Schenke trafen, um die Angelegenheit zu diskutieren. Nachdem sie ihre Krüge geleert hatten, eilten sie zurück in ihre Boote und segelten, so schnell der Wind sie nur treiben konnte.

Zu welcher Entscheidung waren die Söhne gekommen? Ich bedaure sehr, dass ich die Antwort nicht kenne, denn dieser Teil der Geschichte wurde mir auf Schwedisch erzählt.

Zu welcher Entscheidung kamen die Söhne?

Eine Wasserhölle

Ein Schrei meines Gefährten durchgellte die Nacht. „Allmächtiger Gott!", schrie er mir in die Ohren. „Sieh! Sieh!"

Ich wandte den Blick nach oben und sah ein Schauspiel, das mir das Blut in den Adern erstarren machte. Auf dem Gipfel einer Woge direkt über uns schwebte ein riesiges Schiff von etwa viertausend Tonnen. Sein ungeheurer Rumpf war von tiefem Schwarz und wies keine Schnitzerei und keinen Zierrat auf, wie er sonst bei Schiffen üblich ist. Aus den offenen Schießscharten lugten in langer Reihe erzene Kanonenrohre und spiegelten das Licht zahlloser Laternen wider, die in der Takelage hin und her schwangen.

Als wir es zuerst entdeckten, sah man nur den Bug, der langsam aus irgendeinem fürchterlichen Abgrund auftauchte. Einen schaudervollen Augenblick schwebte es auf schwindelndhohem Wogenkamm, wie in stolzem Bewusstsein seiner Erhabenheit, dann bebte es, schwankte und – kam herab. Und seltsam: ich wurde ganz ruhig und überlegend. Ich stolperte so weit nach rückwärts, wie es anging, und erwartete furchtlos den Untergang.

Unser eigenes Schiff hatte mittlerweile den Kampf aufgegeben und versank mit seinem Vorderteil ins Meer. Der niedersausende Koloss traf mit aller Wucht auf diesen unter Wasser befindlichen Teil, und die unausbleibliche Folge war, dass ich mit großer Heftigkeit auf das fremde Schiff hinübergeschleudert wurde.

Dies muss eine Art Illusion sein, dachte ich – eine List vom Schiffe selbst heraufbeschworen. Willkürlich kam mir ein altes Seemannsrätsel in den Sinn –

Mit welchem Tau kann man kein Schiff festmachen?

DAS MANUSKRIPT IN DER FLASCHE

Lösung auf Seite 198

Wie Gespenster begrabener Jahrhunderte

Es ist lange her, seit ich das Deck dieses grausigen Schiffes zuerst betrat, und die Fäden meines Geschicks scheinen in einen Punkt zusammenzulaufen. Unbegreifliche Menschen! In einer Versunkenheit, deren Art und Ursache mir unergründlich ist, gehen sie an mir vorbei, ohne mich zu sehen. Es ist noch nicht lange her, dass ich mich in die Privatkabine des Kapitäns hineinwagte und ihr das Material entnahm, um diese Aufzeichnungen niederzuschreiben. Ich werde das Manuskript im letzten Augenblick in eine Flasche schließen und sie ins Meer werfen. Vor etwa einer Stunde war ich kühn genug, mich in eine Gruppe der Mannschaft hineinzudrängen. Sie zollten mir nicht die geringste Aufmerksamkeit und schienen, obgleich ich mitten unter ihnen stand, keine Ahnung von meiner Gegenwart zu haben. Sie alle trugen untrügliche Zeichen hohen Alters. Ihre Knie wankten vor Schwäche; ihre Schultern waren von Alter und Hinfälligkeit tief gebeugt; ihre zusammengeschrumpfte Haut rasselte im Wind. Rund um sie her, überall an Deck verstreut, lagen mathematische Instrumente von wunderlicher und ganz veralteter Konstruktion.

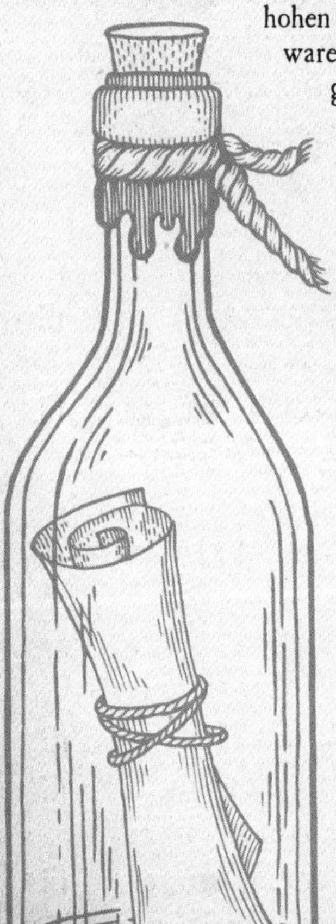

Die Mannschaft raunt einander in den verdrossen klingenden Silben einer fremden Zunge zu, und sogar wenn einer von ihnen nah genug steht, um mich zu berühren, scheint seine Stimme die Distanz einer Meile überwinden zu müssen. Ich vermag beinahe nichts davon zu verstehen. Ich weiß, dass „glup pollok" herannahender Zyklon heißt, „glup terook congra" bedeutet großer herannahender Samum und „terook kelv" heißt großer Taifun – jedoch weiß ich nicht einmal, welches Wort Samum bedeutet.

Das Schiff hat seinen schrecklichen Lauf nach Süden fortgesetzt, und jeden Augenblick tauchen seine Bramsegel-Rahenocks in die schaudervollste Wasserhölle, die Menschengeist sich nur vorstellen kann. Meine Verzweiflung wird von der Neugier beherrscht, in die Geheimnisse dieser schaudervollen Gegend einzudringen, von einer Neugier, die mir die entsetzlichste Todesart erträglicher macht. Es ist Tatsache, dass wir irgendeiner unerhörten Erkenntnis entgegeneilen – irgendeinem unenthüllbaren Geheimnis, dessen Enträtselung Untergang bedeutet.

O Grauen über Grauen! – Die Eismauern rechts und

DAS MANUSKRIPT IN DER FLASCHE

Lösung auf Seite 198

links hören plötzlich auf, und wir wirbeln in ungeheuren konzentrischen Kreisen dahin. Wenig Zeit bleibt mir, über mein Schicksal nachzudenken! Die Spiralen werden enger und enger – wir stürzen mit rasender Eile in den Strudel – und mitten im Donnergeheul von Meer und Sturm erbebt das Schiff, wankt und – o Gott! – versinkt!

Welches Wort bedeutet Samum?

DAS VER-
RÄTERISCHE
HERZ

Eine unterkühlte Entdeckung

Wahr ist es: nervös, entsetzlich nervös war ich damals und bin es noch. Warum aber **müsst** ihr durchaus behaupten, dass ich wahnsinnig sei? Mein nervöser **Zustand** hatte meinen Verstand nicht zerrüttet, sondern ihn geschärft, hatte meine Sinne nicht abgestumpft, sondern wachsamer gemacht. Vor allem hatte sich mein Gehörsinn wunderbar fein entwickelt. Ich hörte alle Dinge im Himmel und auf Erden. Ich hörte viele Dinge in der Hölle. Und das sollte Wahnsinn sein? Hört zu und merkt auf, wie sachlich, wie ruhig ich die ganze Geschichte erzählen kann.

Ich kann nicht sagen, wann der Gedanke mich zum ersten Mal überfiel. Er war urplötzlich da und verfolgte mich Tag und Nacht. Ein wichtiges Motiv war nicht vorhanden. Hass war nicht vorhanden. Ich liebte den alten Mann. Er hatte mir nie etwas zuleid getan. Er hatte mir nie eine Kränkung zugefügt. Nach seinem Geld trug ich kein Verlangen. Nur ein einziges Mal in den vielen Jahren unserer Bekanntschaft gab er mir Grund zum Unmut, nämlich indem er mich mittels eines Rätsels bloßstellte –

Was lässt sich nicht mit Worten ausdrücken?

DAS VERRÄTERISCHE HERZ

Lösung auf Seite 199

DAS VER-
RÄTERISCHE
HERZ

Ich brenne und brenne

Ich glaube, es war sein Auge. Ja, das war es! Eins seiner Augen glich vollständig dem Auge eines **Geiers** – ein blasses blaues Auge mit einem Häutchen darüber. Wann immer es mich anblickte, erstarrte mir das Blut. Und so – nach und nach – immer zwingender – setzte sich der Gedanke in mir fest, dem alten Mann das Leben zu nehmen und mich auf diese Weise für immer von dem Auge zu befreien.

Nun merkt wohl auf! Ihr haltet mich für verrückt. Verrückte erwägen nichts. Aber mich hättet ihr sehen sollen! Ihr hättet sehen sollen, wie klug ich vorging – mit wie viel Vorsicht – mit wie viel Umsicht – mit wie viel Heuchelei ich zu Werke ging! Ich war nie freundlicher zu dem alten Mann als während der ganzen Woche, bevor ich ihn umbrachte. Ich gönnte ihm gar seine Rätsel, und stimmte dann und wann mit ein. Nichts ahnte er, als ich beiläufig anmerkte –

„Eisernes Dach, gläserne Wände, ich brenne und brenne, kein Fall sei mein Ende. Was bin ich?“

Lösung auf Seite 199

Schlafende Hunde

Jede Nacht gegen Mitternacht drückte ich auf seine Türklinke und öffnete die Tür – oh, so leise! Und dann, wenn der Spalt weit genug war, dass ich den Kopf hindurchstecken konnte, hielt ich eine verdunkelte Laterne ins Zimmer; sie war ganz geschlossen, so dass kein Lichtschein herausdrang. Und dann folgte mein Kopf. Oh, ihr hättet gelacht, wenn ihr gesehen hättet, wie **geschickt** ich ihn vorstreckte! Ich bewegte ihn ganz langsam vorwärts, um nicht den Schlaf des alten Mannes zu stören.

Ich brauchte eine Stunde dazu, den Kopf so weit durch die Öffnung zu schieben, dass ich den Alten, samt dem zu seinen Füßen zusammengerollten Hund, einem Pointer, in seinem Bette sehen konnte. Ha!, wäre ein Wahnsinniger wohl so weise vorgegangen? Und dann, wenn ich meinen Kopf glücklich im Zimmer hatte, öffnete ich vorsichtig die Laterne – oh, so vorsichtig! Ganz sachte, denn die Scharniere kreischten, öffnete ich sie so weit, dass ein einziger feiner Strahl auf das Geierauge fiel. Und das tat ich sieben Nächte lang. Aber ich fand das Auge immer geschlossen, und so war es unmöglich, das Werk zu vollenden; denn es war nicht der alte Mann, der mich ärgerte, sondern sein Scheelauge.

Es erwies sich als schwierigster Teil dieses **Unterfangens**, den Hunden des alten Mannes aus dem Weg zu gehen. Ähnlich wie auch ihr Herr schliefen sie für gewöhnlich zu dieser fortge-

schrittenen Stunde, jedoch wollte ich nichts dem Zufall überlassen, und so sah ich nach ihnen, bevor ich mein allnächtliches Programm begann. Leider fand ich nie heraus, wie viele Hunde der Mann tatsächlich besaß. Ich wusste, dass alle außer drei von ihnen Schweißhunde waren, alle außer dreien waren Bracken, zudem besaß er einen Terrier. Sieben lange Nächte lang starrte ich auf dieses geschlossene Geierauge und fragte mich –

Wie viele Hunde besaß der alte Mann?

Lösung auf Seite 199

Anti-
OLD

Totgeschlagene Zeit

Ich war mit dem Kopf im Zimmer und machte mich daran, die Laterne zu öffnen; da glitt mein Daumen an dem Blechverschluss ab, und der alte Mann schrak im Bett empor und schrie: „Wer ist da?“ Ich verhielt mich ganz still und sagte nichts. Eine volle Stunde lang rührte ich kein Glied, und in dieser ganzen Zeit hörte ich nicht, dass er sich wieder niederlegte. Er saß noch aufrecht im Bett und horchte.

Da hörte ich ein leises Ächzen, und ich wusste, das war das Ächzen tödlichen Entsetzens. So klang nicht Schmerz und nicht Kummer – o nein! es war das Grauen! Das war der dumpfe, erstickte Laut, der aus den Tiefen der Seele kommt, wenn das Grauen sie gepackt hält. Ich kannte diesen Laut gut. In mancher Nacht, wenn alle Welt schlief, war er aus meiner eigenen Brust heraufgequollen und hatte mit seinem schrecklichen Klang das Entsetzen, das mich von Sinnen brachte, noch vermehrt.

Ich wusste, was der alte Mann fühlte, und ich bemitleidete ihn, obschon ich innerlich kicherte. Ich wusste, dass er wach gelegen, schon seit dem ersten schwachen Geräusch, das ihn aufgeschreckt hatte. Seitdem war seine Angst von Minute zu Minute gewachsen. Er hatte versucht, sie als grundlos anzusehen, aber es gelang ihm nicht. Er hatte sich gesagt: „Es ist weiter nichts als der Wind im Schornstein“, oder: „Es ist nur eine Maus, die durchs Zimmer läuft“.

Ja, er hatte versucht, sich mit diesen Vermutungen zu beruhigen; aber es war **alles vergebens** gewesen. Alles vergebens, weil der nahende Tod schon vor ihn hingetreten war und sein Opfer mit schwarzem Schatten umhüllte. Und die dunkle Gewalt des unsichtbaren Schattens war es, die ihn – obschon er weder sah noch hörte – **fühlen** ließ, dass mein Kopf im Zimmer war.

Ich kann nicht sagen, wie viel Zeit ich im Schlafgemach verbrachte. Den passenden Moment abwartend, wanderte mein Blick hin zur Uhr, die neben dem Bett des Mannes stand. Wieder und wieder hatte ich mir den Augenblick meines Triumphs verbildlicht: Um Mitternacht würde ich meine Laterne genau zum letzten Schlag der Uhr öffnen. Gewiss würde es nicht mehr lange dauern, denn an diesem Abend hatte die Uhr nur sieben Sekunden für sieben Schläge benötigt. Wie lange würde es wohl dauern, alle zwölf Schläge zu hören, fragte ich mich, während ein leises Ticken aus Richtung des Betts ertönte.

Wie viele Sekunden wird die Uhr brauchen, um 12 zu schlagen?

Lösung auf Seite 199

Der Anfang vom Ende

Nachdem ich lange Zeit sehr geduldig gewartet hatte, ohne doch zu hören, dass er sich wieder niederlegte, beschloss ich endlich, einen winzig kleinen Spalt der Laterne zu öffnen, bis schließlich ein einziger matter, spinnfadenfeiner Strahl herausdrang und auf das Geierauge fiel. Es war offen, weit offen, und ich wurde rasend, als ich daraufhin starrte. Ich sah es mit vollkommener **Deutlichkeit:** nichts als ein stumpfes Blau mit einem ekelhaften Schleier darüber. Ich erschauerte bis ins Mark. Aber ich konnte von des alten Mannes Gesicht und Gestalt nichts weiter sehen, denn ich hatte den Strahl wie instinktiv ganz genau auf die verfluchte Stelle gerichtet.

Was ihr für Wahnsinn haltet, ist nur eine Überfeinerung der Sinne – nun, sage ich, vernahm mein Ohr ein leises, dumpfes, schnelles Geräusch, ein Geräusch wie das Ticken einer Uhr, die man mit einem Tuch umwickelt hat. Auch diesen Laut kannte ich gut. Es war des alten Mannes Herz, das so schlug. Es steigerte meine Wut, wie das Schlagen einer Trommel den Soldaten zu mutigerem Vorgehen anreizt. Aber selbst jetzt bezwang ich mich und blieb still. Ich atmete kaum.

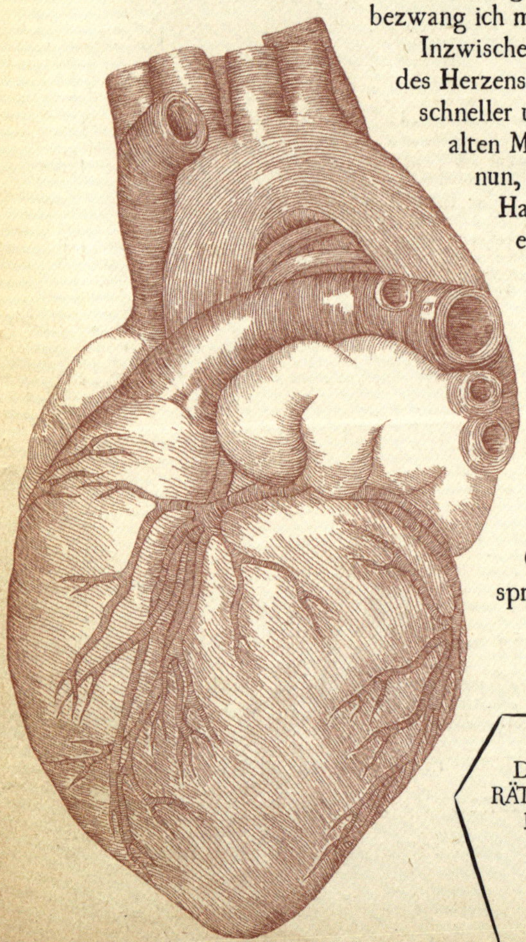

Inzwischen steigerte sich das höllische Trommeln des Herzens. Es wurde jede Minute schneller und schneller und lauter und lauter. Das Entsetzen des alten Mannes muss furchtbar gewesen sein. Und nun, in so toter Nachtstunde, in diesem alten Hause, das so grauenhaft schweigsam war, erweckte dies eine seltsame Geräusch in mir ein maßloses Entsetzen. Doch noch einige Minuten länger bezwang ich mich und stand still. Aber das Klopfen wurde lauter und lauter! Ich dachte, das Herz müsse zerspringen. Und nun fasste mich eine neue **Angst:** das Geräusch könnte von einem Nachbarn vernommen werden! Da war des Alten Stunde gekommen! Mit einem lauten Geheul riss ich die Blendlaterne auf und sprang ins Zimmer.

Er schrie auf – nur ein einziges Mal! Im Augenblick zerrte ich ihn auf den Boden hinunter und zog das schwere Federbett über ihn.

„Hier ist ein letztes Rätsel für dich“, flüsterte ich. „Ich bin der Anfang vom Ende und das Ende vom Raumgebilde. Unabdinglich bin ich für diese Geschichte, und umhülle zudem ewige Gefilde. Was bin ich?“ Ich lächelte frohen Mutes, denn die Tat war vollbracht. Jedoch schlug das Herz gedämpft weiter, und zwar minutenlang. Ich ließ mich davon nicht aus der Ruhe bringen; durch die Wände würde das Geräusch nicht dringen. Und nun hielt es endlich inne. Sein Auge würde mir fortan keine Sorgen mehr bereiten. Der alte Mann war tot.

Ich bin der Anfang vom Ende
Und das Ende vom Raumgebilde.
Unabdinglich bin ich für diese
Geschichte,
und umhülle ewige Gefilde.
Was bin ich?

Lösung auf Seite 62

Das Begräbnis seines fürchterlichen Herzens!

Solltet ihr mich noch immer für wahnsinnig halten, so werdet ihr eure Anschauung sicher ändern, wenn ich euch schildere, welch kluge Vorsichtsmaßregeln ich ergriff, um den Leichnam zu verbergen. Die Nacht schwand hin, und ich arbeitete eilig, aber in großer Stille. Zunächst **zerteilte** ich den Leichnam. Ich entledigte ihn seines Kopfes, der Arme und der Beine. Aus dem Fußboden des Zimmers hob ich drei Dielen heraus und bereitete darunter dem Toten sein Grab.

Dann legte ich die Bretter wieder an Ort und Stelle. So geschickt tat ich dies, dass kein menschliches Auge – nicht einmal das seine – irgendetwas Auffallendes hätte bemerken können. Da gab es nichts wegzuwaschen – nicht das kleinste Blutströpfchen. Dafür war ich viel zu bedachtsam vorgegangen. Ein Zuber hatte alles aufgefangen.

Als ich mit dieser Arbeit fertig war, war es vier Uhr – noch immer schwarz wie Mitternacht. Mein Triumph war perfekt, dennoch konnte ich mich der Frage nicht erwehren, wie er es wohl – wäre dies ein Ding der Möglichkeit gewesen – vollbracht hätte. Mir gelang es, den Körper des alten Mannes innerhalb von zwei Stunden zu **beseitigen**, aber wenn er dies hätte bewältigen sollen – ha! ha! – hätte er dafür wohl gut und gerne drei Stunden gebraucht.

Wann wären wir mit der Aufgabe fertig gewesen, wenn wir zusammengearbeitet hätten, grübelte ich, als es an der Haustür klopfte.

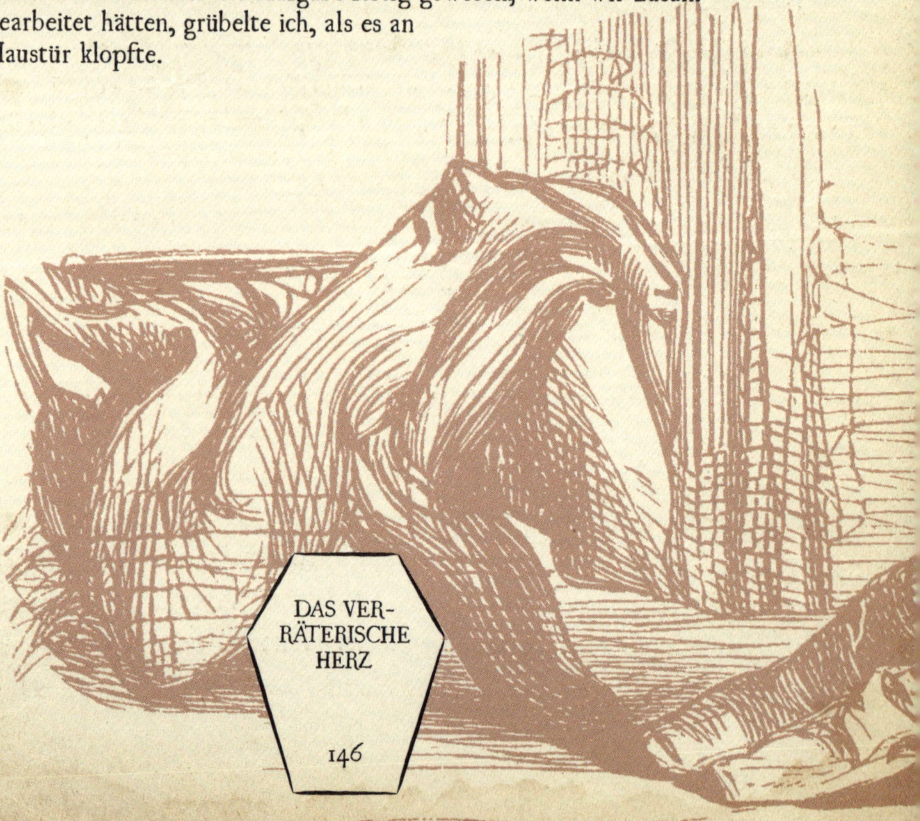

Wann wären wir mit der Aufgabe fertig gewesen, wenn wir zusammengearbeitet hätten?

Lösung auf Seite 199

Ein leises, dumpfes, schnelles Geräusch

Leichten Herzens öffnete ich die Tür – denn was hatte ich jetzt zu fürchten? Es traten drei Männer herein, die sich sehr liebenswürdig als Polizeibeamte vorstellten. Ein Nachbar hatte in der Nacht einen Schrei vernommen; man hatte Verdacht gefasst und sie waren abgesandt worden, um nach der Ursache zu forschen. Den **Schrei**, sagte ich, hätte ich selbst ausgestoßen, in einem Traum. Der alte Mann sei abwesend, sei aufs Land gereist. Ich führte die Besucher durchs ganze Haus. Ich führte sie schließlich in **sein** Zimmer. Ich zeigte ihnen seine Wertsachen vollzählig und unberührt. Begeistert über meine Gewissensruhe brachte ich Stühle herbei und ersuchte die Herren, sich hier von ihrer Ermüdung zu erholen, während ich voll ausgelassener Kühnheit meinen eigenen Stuhl genau dorthin stellte, wo unter den Dielen der Leichnam des Opfers ruhte.

Die Beamten waren zufrieden. Mein Benehmen hatte sie überzeugt. Sie saßen also, und während ich fröhlich Antwort gab, plauderten sie von privaten Angelegenheiten. Aber nicht lange, da fühlte ich, dass ich erbleichte. Mein Kopf schmerzte, und ich glaubte, Ohrensausen zu haben; aber noch immer plauderten sie. Ich sprach noch unbefangener, um das seltsame Gefühl loszuwerden. Aber es blieb und nahm zu an **Deutlichkeit** – bis mir endlich klar wurde, dass das Geräusch **nicht** in den Ohren selbst war. Zweifellos: jetzt wurde ich sehr bleich – aber ich redete noch eifriger. Doch das Geräusch wurde lauter. Ich rang nach Atem – und dennoch – die Beamten hörten es noch immer nicht.

Warum **gingen** sie denn nicht? Ich stand auf und lief mit wuchtigen Schritten auf und ab – aber das Geräusch nahm fortwährend zu. Ich versuchte, mich mittels komplizierter Gedankengänge abzulenken: Wie hoch wäre, zum Beispiel, eine Stange, wenn man sie aus all den Würfeln mit einer Kantenlänge von einem Millimeter, die in einem Kubikmeter Platz finden, auftürmen würde?, – aber das Geräusch nahm fortwährend zu. O Gott! Was **konnte** ich tun? Ich ergriff den Stuhl, auf dem ich gesessen, und kratzte damit auf den Dielen hin und her – aber das Geräusch erhob sich über alles und nahm fortgesetzt zu. Es wurde lauter – lauter – **lauter**! Und immer noch plauderten die Männer freundlich. War es möglich, dass sie nicht hörten? Allmächtiger Gott! – nein, nein! Sie hörten! – sie argwöhnten! – sie **wussten**! Sie trieben Spott mit meinem Entsetzen! Alles war erträglicher als dieser Hohn. Ich konnte dies heuchlerische Lächeln nicht länger ertragen. Ich fühlte, dass ich hinausschreien musste – oder sterben! – Und jetzt – wieder! – horch! lauter! lauter! lauter! **lauter**!

„Schurken!“, kreischte ich, „verstellt euch nicht länger! Ich bekenne die Tat! – Reißt die Dielen auf! – Hier, hier! – Es ist das Schlagen dieses **fürchterlichen Herzens**!“

Lösung auf Seite 200

Wie hoch wäre eine Stange, wenn man sie aus all den Würfeln mit einer Kantenlänge von einem Millimeter, die in einem Kubikmeter Platz finden, auftürmen würde?

Die hohe Kunst

Ein Gefühl tiefer, jedoch höchst seltsamer Zuneigung verband mich mit Morella. Ein Zufall war's, der mich vor vielen Jahren mit ihr zusammenführte, aber seit unserer ersten Begegnung brannte meine Seele in fremder, entfesselter **Glut**. Das war nicht die Flamme des Eros, das war ein seltsam wilder Seelenbrand, und bitter und qualvoll war meinem **Geist** die wachsende Überzeugung, dass ich das rätselhafte Wesen dieser Gluten auf keine Weise zu ergründen vermochte. Und das Schicksal, das uns zueinander geführt hatte, band uns am Altar zusammen. Doch sprach ich nie ein Wort, das Leidenschaft gewesen wäre, dachte nie einen Gedanken, der Liebe bedeutet hätte.

Morellas Gelehrsamkeit war unergründlich. Ihre vielseitige Begabung war geradezu übernatürlich – ihre Verstandeskräfte waren gigantisch! Ich wusste das und wurde in vielen Dingen ihr Schüler. Es begann damit, dass sie mir, womöglich durch ihre Bildung begründet, eine Anzahl der wundersamsten **Rätselhaftigkeiten** vorlegte. Das Studium dieser Werke – aus mir unverständlichen Gründen – bildete ihre liebste und andauerndste Beschäftigung, und dass es auch die meine wurde, ist einfach dem unwiderstehlichen Einfluss von Beispiel und Gewohnheit zuzuschreiben. Noch wiegte ich mich beim ersten dieser Mysterien in falscher Sicherheit, da schritt sie eines Morgen schwungvoll auf mich zu und sagte:

„Wäre es möglich, außerhalb eines Schaltjahres 53 Dienstage in einem Jahr zu haben? Wie wahrscheinlich wäre dies?"

MORELLA

Lösung auf Seite 200

Wie ein Schatten auf der Seele

Die Zeit war gekommen, in der das Geheimnisvolle im Wesen meines Weibes mich wie ein Alp bedrückte. Ich konnte die Berührung ihrer bleichen Finger nicht ertragen, ich konnte den sanften Klang ihrer tönenden Sprache, den Glanz ihrer melancholischen Augen nicht ertragen. Und sie wusste all dies und hielt es mir doch niemals vor. Selbst die mir unbekannte Ursache für meine sich steigernde Abneigung schien sie zu kennen. Mit der Zeit erschien und blieb auf ihren Wangen eine bedeutungsvolle Röte, und die blauen Adern auf ihrer bleichen hohen Stirn schwollen an. Und wenn mein Wesen für einen Augenblick in Mitleid schmolz, so entsetzte meine Seele sich schon kurze Zeit später und wurde von einem grausigen Schwindel ergriffen.

Muss ich noch sagen, dass ich mit tiefem, aufreibendem Verlangen die Stunde von Morellas Ableben herbeiwünschte? Ich tat es. Aber der schwache Geist klammerte sich noch lange Monate an seine zerbrechliche Hülle. Dies Hinzögern machte mich rasend, und mein teuflisches Herz verfluchte die Tage und die Stunden und die bitteren Minuten, die länger zu werden schienen, je mehr ihr zartes Leben dahinschmolz.

Aber eines Herbstabends rief mich Morella an ihr Bett. Ein trüber Nebel lagerte über der Erde, und die Farben des herbstlichen Waldes glühten bunt. „Dies ist der Tag der Tage", sagte sie, als ich zu ihr trat. „Der Tag der Tage – sei es zum Leben oder Sterben. O, und doch hielten wir immer miteinander Schritt. Wie außergewöhnlich, findest du nicht? Wir liefen zugleich, rannten zugleich. Dies teilten wir miteinander. Erlaube mir also eine letzte Frage, mein Herz: Wenn wir draußen umherwandeln könnten, so wie wir es dereinst taten, und du eine gewisse Strecke die eine Hälfte des Weges laufend, die andere rennend zurücklegen würdest; ich gleichzeitig die Hälfte der Zeit laufend, die andere rennend – wer von uns würde zuerst das Ziel erreichen? Würden wir gar zugleich ankommen? So glaube mir, es ist mein sehnlichster Sterbenswunsch, dass du mir die richtige Antwort gibst."

Wer von uns würde das Ziel zuerst erreichen?

MORELLA

Lösung auf Seite 201

MORELLA

Principium Individuationis

Ich küsste sie auf die Stirn, und sie fuhr fort: „Ich sterbe, dennoch werde ich leben! In mir lebt ein Unterpfand der Neigung, die du – ach wie gering! – für mich fühltest. Und wenn mein Geist entflieht, wird das Kind leben – dein Kind und meines! Doch deine Tage werden Tage der Sorge sein, denn die Stunden deines Glückes sind vorüber, und Freude erblüht nicht zweimal im Leben."

„Morella!", schrie ich auf, „Morella! Wie kannst du das wissen?" Aber sie wendete das Gesicht ab, und ein leises Zittern überlief ihre Glieder. Sie starb, und ihre herrliche, ihre entsetzliche Stimme war tot. Doch wie sie es vorausgesagt hatte, geschah es. Ihr Kind – das sie sterbend geboren hatte und das den ersten Atemzug tat, als seine Mutter den letzten tat – ein Mädchen, lebte. Und es entwickelte sich geistig und körperlich außerordentlich schnell, war das vollkommene Ebenbild von ihr, die jetzt dahingeschieden war, und ich liebte es mit einer Liebe, deren Glut und Innigkeit mir oft wie eine Kraft aus einer anderen Welt erschien. Und in der Tat, sein schnelles leibliches Wachstum war geradezu befremdend. Aber schrecklich, o schrecklich waren die tobenden Gedanken, die mich überstürzten, wenn ich des Kindes geistiger Entwicklung folgte.

Wie die Jahre dahinflossen und ich Tag um Tag in ihr heiliges und mildes und beredtes Antlitz spähte und Tag um Tag ihr Wachsen und Reifen bemerkte, geschah es, dass ich Tag um Tag neue Dinge fand, in denen die Tochter vollständig ihrer Mutter – der **schwermütigen** und toten – glich. Sie teilte ihrer Mutter scharfsinnige Vorliebe für Denkspiele, für welche sie ein angeborenes Talent besaß, und dies trotz der Abgeschiedenheit unseres Heims.

„Was ist bei der Laus groß und beim Elefanten klein?", fragte sie mich eines Tages, und ich hätte schwören können, dass mir diese Frage schon einmal von ihrer Mutter gestellt worden war. Stündlich verdichteten sich diese Schatten einer natürlichen Ähnlichkeit und wurden immer tiefer und immer bestimmter und immer beängstigender – und immer grauenvoller anzusehen.

„Was ist bei der Laus groß und beim Elefanten klein?"

MORELLA

Lösung auf Seite 201

Morella!

Noch immer hatte meine Tochter keinen Taufnamen. „Mein Kind“ und „mein Liebling“ sind übliche Benennungen, wie Vaterliebe sie findet. Morellas Name war mit ihr gestorben. Doch schließlich vermeinte mein abgehetzter Geist durch die Zeremonie der Taufe Erlösung zu finden. So führte ich also das Kind zur Taufe. Und als ich vor dem Taufbecken stand, suchte ich nach einem Namen.

Was trieb mich nur dazu an, die Ruhe der Toten und Begrabenen zu stören? Welcher Dämon veranlasste mich, jenen Namen zu flüstern, bei dessen Erinnerung schon das Blut mir stürmend zum Herzen schoss? Welcher Unhold sprach aus den Tiefen meiner Seele, als ich in schweigender Nacht mitten im düsteren Kreuzgang in das Ohr des heiligen Mannes die Silben flüsterte: „Morella!“ Und wer anders als Satan selbst veranlasste mein Kind, bei diesem kaum vernehmbaren Laut zusammenzuschrecken, die verglasten Blicke gen Himmel zu heben und mit zuckendem Gesicht, auf dem die Schatten des Todes kämpften, auf die schwarze Marmorplatte unserer Familiengruft niederzusinken und zu antworten: „Hier bin ich! Wenn 28 gleich 24 und 68 gleich 76 ist, was gleicht dann 48?“ Ein grausamer, letzter Scherz!

Jahr um Jahr kann dahingehen, doch niemals die Erinnerung an diesen Augenblick! Die himmlischen Winde atmeten nur einen Laut, und die rieselnden Wellen der ewigen Wasser murmelten immerfort – Morella! Aber sie starb; und mit meinen eigenen Händen trug ich sie zu Grab. Und ich lachte ein langes, bitteres Lachen, als in der Gruft, in die ich die zweite bettete, nicht eine Spur zu finden war von der ersten – Morella.

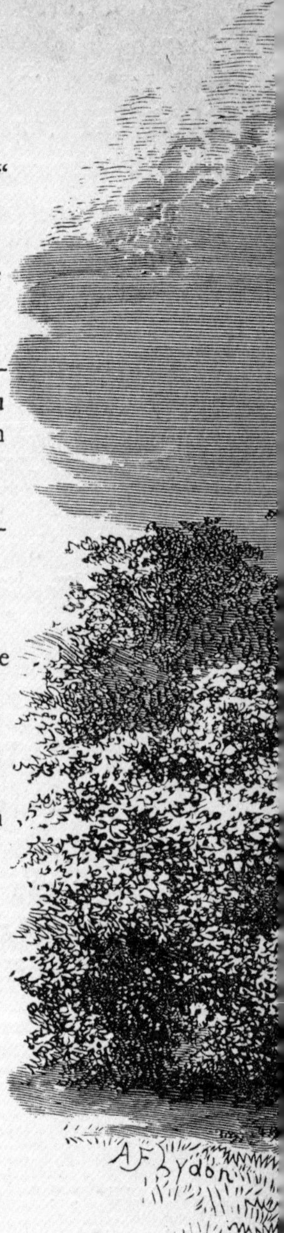

Wenn 28 gleich 24 und 68 gleich 76 ist, was gleicht dann 48?

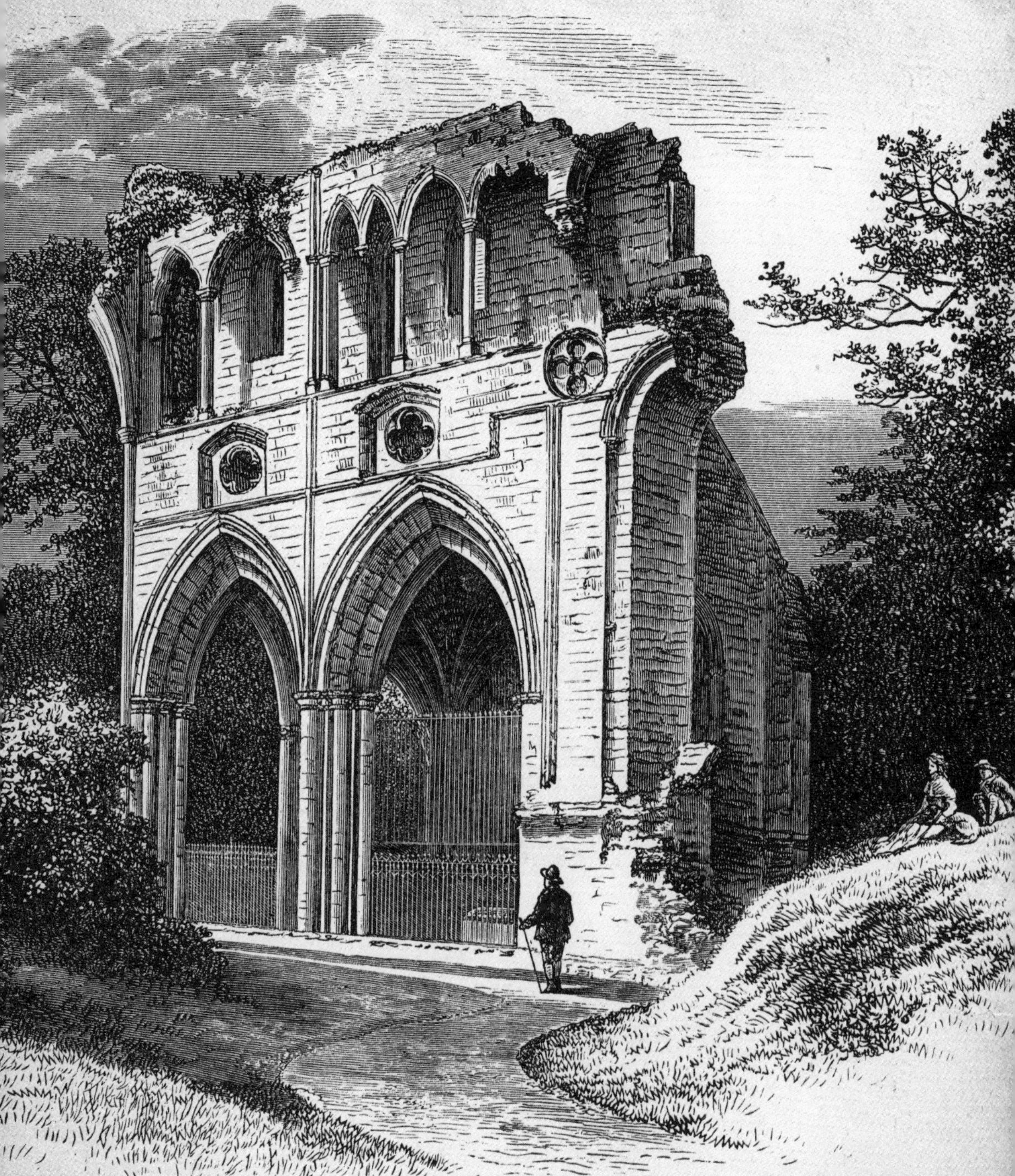

MORELLA

Lösung auf Seite 201

DIE SCHWARZE KATZE

Die frühen Vögel

Dass man den so unheimlichen und doch so natürlichen Geschehnissen, die ich jetzt berichten will, Glauben schenkt, erwarte ich nicht. Ich müsste wirklich wahnsinnig sein, wenn ich da Glauben verlangen wollte, wo ich selbst das Zeugnis meiner eigenen Sinne verwerfen möchte. Doch wahnsinnig bin ich nicht – und sicherlich träume ich auch nicht. Morgen aber muss ich sterben, und darum will ich heute meine Seele entlasten. Aller Welt will ich kurz und sachlich eine Reihe von rein häuslichen Begebenheiten enthüllen, deren Wirkungen mich entsetzt – gemartert – vernichtet haben.

Seit meiner Kindheit galt ich als ein weichherziger, anschmiegsamer Mensch. Ja, meine hingebende Herzlichkeit trat so offen hervor, dass sie oft den Spott meiner Kameraden herausforderte. Da ich eine ganz besondere Zuneigung für die Tiere empfand, beglückten mich meine Eltern gern mit allerlei Lieblingen. Mit diesen verbrachte ich all meine freie Zeit, und nie war ich glücklicher, als wenn ich sie fütterte und liebkoste.

In der selbstlosen und opferfreudigen Liebe eines Tieres ist etwas, das jedem tief zu Herzen gehen muss, der je Gelegenheit hatte, die armselige Freundschaft und geschwätzige Treue des erhabenen Menschen zu erproben. Tatsächlich denke ich noch immer mit Wonne an den Besuch einer Menagerie zurück, die solch Wunder beherbergte, dass ich es kaum zu glauben vermochte. Ich erinnere mich daran, wie ich an dem goldverzierten Ärmel eines der Schausteller zupfte und ihn fragte, wie viele Vögel und andere Tiere er wohl besäße.

„Mein liebes Kind, dies muss mein Geheimnis bleiben", sagte er, „aber lass mich dir sagen, dass es 45 Köpfe und 150 Füße gibt!" Den ganzen Heimweg lang bat ich meine Eltern flehentlich, mir zu verraten, wie viele Vögel und andere Tiere sich in der Menagerie befänden, aber man brachte mir nur mehr des bereits gewohnten Schweigens entgegen.

Wie viele Vögel und wie viele andere Tiere befanden sich in der Menagerie?

DIE SCHWARZE KATZE

DIE
SCHWARZE
KATZE

Lösung auf Seite 202

Die entkorkte Flasche

Ich heiratete früh und war herzlich froh, in meinem Weib ein mir verwandtes Gemüt zu finden. Als sie meine Liebhaberei für allerlei zahmes Getier erkannt hatte, versäumte sie keine Gelegenheit, solche Hausgenossen der angenehmsten Art anzuschaffen. Wir besaßen Vögel, Goldfische, einen Hund, Kaninchen, einen kleinen Affen und – **eine Katze.** Diese war ein auffallend großes und schönes Tier, ganz schwarz und erstaunlich klug. Wenn wir auf ihre Intelligenz zu sprechen kamen, gedachte meine Frau, die nicht im Geringsten abergläubisch war, manchmal des alten Volksglaubens, dass **Hexen** oft die Gestalt schwarzer Katzen anzunehmen pflegen. Nicht, dass sie damit jemals eine **ernstliche** Anspielung hätte machen wollen.

Pluto – denn so rief ich die Katze – war mein bevorzugter Freund und Spielkamerad. Ich selbst fütterte sie, und wo ich im Hause stand und ging, war sie bei mir. Nur schwer konnte ich sie davon zurückhalten, mir auch auf die Straße zu folgen. So bestand und bewährte sich unsere Freundschaft mehrere Jahre lang. In dieser Zeit aber hatte mein Charakter infolge meiner teuflischen Trunksucht eine völlige Wandlung durchgemacht. Ich wurde von Tag zu Tag mürrischer, reizbarer, rücksichtsloser gegen andere. Meine Tiere mussten unter meiner Verkommenheit ganz besonders leiden. Ich vernachlässigte sie nicht nur, sondern misshandelte sie auch. Auf Pluto indessen nahm ich noch immer so viel Rücksicht, dass ich sie nicht ebenso schlecht behandelte wie die anderen Tiere. Doch mein Leiden wuchs und endlich musste selbst die Katze die Ausbrüche meiner Übellaunigkeit fühlen.

Eines Nachts wurde ich, über alle Maßen betrunken, in einer meiner üblichen Schnapsspelunken gedemü-

Lösung auf Seite 202

tigt. Ein anderer Trunkenbold hatte in einem Moment der Klarheit gefragt, welcher Teil von London sich in Frankreich befände. Alle Anwesenden waren in gehässiges Gelächter ausgebrochen, als ich etwas Falsches antwortete, und als ich nach Hause kam, schien es mir so, als ob die Katze mir auswiche. Ich packte sie – und da, wahrscheinlich erschreckt durch meine Heftigkeit, riss sie mir mit den Zähnen eine leichte Schramme über die Hand. Im Augenblick geriet ich in wahnsinnige Wut. Ich war nicht mehr ich selbst. Mein wahres Wesen war plötzlich entflohen, und an seiner Stelle spannte eine viehische, trunkene Bosheit jeden Nerv in mir. Ich nahm aus der Westentasche ein Federmesser, öffnete es, riss das arme Tier am Halse empor und bohrte bedachtsam eines seiner Augen aus seiner Höhle heraus! – Die brennende Glut der Scham und kalte Schauer des Entsetzens überfallen mich jetzt, da ich jener höllischen Verruchtheit gedenke.

Welcher Teil von London befindet sich in Frankreich?

Das Böse um des Bösen willen

Am anderen Morgen, nachdem ich meinen Rausch verschlafen hatte und mir die Vernunft zurückgekehrt war, empfand ich halb Grauen, halb Reue über das Verbrechen; aber es war nur ein schwaches, oberflächliches Gefühl, und meine Seele blieb unbewegt. Ich stürzte mich aufs Neue in wüste Ausschweifungen, und bald war im Wein jede Erinnerung an meine Untat ersäuft.

Inzwischen erholte sich die Katze langsam. Die leere Augenhöhle bot allerdings einen schrecklichen Anblick, aber Schmerzen schien das Tier nicht mehr zu haben. Wie früher ging es im Hause umher, floh aber, wie nicht anders zu erwarten war, in wahnsinniger Angst davon, sobald ich in seine Nähe kam. Es war mir noch immer so viel von meinem Gefühl geblieben, dass ich diese offenbare Abneigung eines Geschöpfes, das mich vordem so geliebt hatte, anfangs schmerzlich empfand. Doch dieses Empfinden wich bald einem anderen – der Erbitterung.

So legte ich ihr eines Morgens eine Schlinge um den Hals und knüpfte sie an einem Baumast auf; ich erhängte sie unter strömenden Tränen und bittersten Gewissensqualen; erhängte sie, eben weil ich wusste, dass sie mich geliebt hatte, und weil ich fühlte, dass sie mir keinen Grund zu dieser Gräueltat gegeben hatte; erhängte sie, weil ich wusste, dass ich damit eine Sünde beging, die meine unsterbliche Seele so befleckte, dass Gottes unendliche Gnade sich meiner Seele nicht erbarmen könnte.

In der auf diese grausame Tat folgenden Nacht entfloh ich in die nächstgelegene Schänke, in der Absicht, mich besinnungslos zu trinken. Ich erinnere mich nur noch daran, in mein geleertes Glas zu stieren und nicht mehr zu wissen, was genau ich da gerade zu mir genommen hatte. Ich blaffte den Schankwirt an: „Wenn das Wein war, dann will ich Rum, und wenn das Gin war, so bringe mir Wein, doch wenn es Rum war, bringe mir Gin!"

Der Wirt brachte Wein und erwähnte, was ich zuvor getrunken hatte, doch es entfiel mir, sobald die Worte seinen Mund verließen. Später wurde ich durch Feuerlärm aus dem Schlafe aufgeschreckt. Das ganze Haus stand in Flammen. Mit knapper Not entrannen wir, meine Frau und ich, dem Feuertode. Alles wurde vernichtet. Meine ganze irdische Habe war dahin, und ich überließ mich von nun an haltloser Verzweiflung.

Was hatte ich zuvor getrunken?

Lösung auf Seite 202

Der Weg nach Hause

Monatelang beschäftigte sich meine Fantasie mit der Katze, und es erwachte in mir ein Gefühl, das beinahe Reue sein konnte. Es kam so weit, dass ich den Verlust des Tieres bedauerte und mich nach einer anderen Katze umsah, die der gemordeten möglichst ähnlich sein und deren Platz bei mir ausfüllen sollte.

Als ich einmal in der Nacht halb stumpfsinnig vor Trunkenheit in einer ganz gemeinen Schnapskneipe saß, wurde ich plötzlich auf einen schwarzen Gegenstand aufmerksam, der oben auf einem riesenhaften Oxhoft Rum, dem Hauptmöbel der dunstigen Höhle, thronte. Es war eine schwarze Katze, gerade so groß wie die ermordete und dieser auch in allem ähnlich – bis auf eins: die meine hatte nicht ein einziges weißes Haar am ganzen Körper, diese Katze aber hatte einen großen, allerdings nicht scharf abgegrenzten weißen Fleck, der fast die ganze Brust bedeckte. Als ich sie berührte, erhob sie sich sofort, schnurrte laut, rieb sich an meiner Hand und schien von der Beachtung, die ich ihr schenkte, entzückt zu sein. Das war also ganz ein Geschöpf, wie ich es suchte. Ich bot dem Wirt sofort an, ihm das Tier abzukaufen; der aber erhob keinen Anspruch auf die Katze: er kenne sie gar nicht – habe sie nie vorher gesehen. Ich liebkoste das Tier, und als ich mich zum Heimgehen anschickte, zeigte es Lust, mich zu begleiten. Das erlaubte ich ihm. Unterwegs beugte ich mich manchmal zu ihm nieder und streichelte es. In meinem Rausch konnte ich mich jedoch nicht mehr entsinnen, wo ich denn nun wohnte.

Ich wusste, dass ich in einer langen Straße wohnte, und dass die Häuser auf meiner Seite der Straße mit 1, 2, 3 etc. nummeriert waren. Meine Frau hatte dereinst mir gegenüber erwähnt, dass alle Hausnummern auf unserer Seite zusammen genau dieselbe Zahl ergaben wie die auf der anderen Seite der Straße. Auf unserer Straßenseite befanden sich mehr als 50 Häuser, dessen war ich mir sicher, jedoch weniger als 500. An mehr konnte ich mich nicht erinnern.

„Weißt du, wie meine Hausnummer lautet?", fragte ich die Katze, aber sie beobachtete mich nur, halb aus Neugier, halb irgendetwas anderem geschuldet.

„Weißt Du, wie meine Hausnummer lautet?"

DIE SCHWARZE KATZE

Lösung auf Seite 202

Dem Galgen versprochen

In mir aber regte sich bald eine Abneigung gegen die Katze; das war das Gegenteil dessen, was ich erwartet hatte – ihre aufdringliche Liebe zu mir war mir unangenehm, ja sogar zuwider. Nach und nach steigerte sich dieses Gefühl bis zu **bitterstem** Hass. Was meinen Hass gegen das Katzenvieh zweifellos genährt hatte, war die Entdeckung, dass es um eins seiner Augen beraubt war. Für meine Frau hingegen, die jene Herzensgüte besaß, die auch mich einst auszeichnete, war dies nur ein Grund mehr, das Tier zu lieben.

Mit meiner Abneigung gegen die Katze schien deren Vorliebe für mich nur zu wachsen. Sie folgte meinen Schritten mit einer unbeschreiblichen Beharrlichkeit. Wenn ich mich setzte, kroch sie unter meinen Stuhl oder sprang auf meine Knie und belästigte mich mit ihren widerwärtigen Liebkosungen.

Innerhalb von fünf Tagen ließ die Katze **dreißig** tote Mäuse auf der Türschwelle zurück, mit jedem Tag drei mehr als noch tags zuvor. Meinem Geiste war dies so zuwider, dass es mir nicht gelang, mir auszurechnen, wie viele Mäuse die Katze bereits am ersten Tag gefangen haben musste. Trotzdem ich mich dann stets versucht fühlte, sie mit einem Faustschlag umzubringen, schreckte ich doch davor zurück, teils im Gedenken an mein früheres Verbrechen, hauptsächlich aber aus sinnloser **Angst** vor der Bestie.

Meine Frau hatte mich mehr als einmal auf die Form des weißen Brustfleckes aufmerksam gemacht, von dem ich bereits gesprochen habe und der das einzig sichtbare Unterscheidungsmerkmal zwischen dieser fremden und der von mir umgebrachten Katze bildete. Nach und nach, in einem Vorgang, den meine Vernunft lange Zeit als reine Augentäuschung zu verwerfen strebte – wurde dieses Zeichen in scharfen Umrissen deutlich sichtbar.

Es hatte nun die Form eines Gegenstandes, den ich nur mit Grausen nenne – eines Galgens! Bei Tage ließ das Tier mich nun nicht einen Augenblick allein, und in der Nacht fuhr ich fast jede Stunde aus qualvollen Angstträumen empor, um den heißen Atem **des Viehes** über mein Gesicht wehen zu fühlen und den Druck seines schweren Gewichts – wie die **Verkörperung** eines grässlichen Alpgespenstes, das ich nicht abzuschütteln vermochte – auf meiner **Brust** zu tragen.

Wie viele Mäuse hatte die Katze am ersten Tag gefangen?

DIE
SCHWARZE
KATZE

Lösung auf Seite 203

Eine unermessliche Tat

Unter der Wucht solcher Qualen erlag in mir der schwache Rest des Guten, und schwarze, ekle Höllengedanken wurden die Vertrauten meiner Seele. Meistens war es mein schweigend duldendes Weib, das nun das Opfer meiner häufigen, plötzlichen und zügellosen Wutausbrüche wurde.

Eines Tages begleitete sie mich in den Keller des alten Gebäudes, das wir in unsrer Armut zu bewohnen genötigt waren. Die Katze folgte mir die Stufen der steilen Treppe hinab und war mir dabei so hinderlich, dass ich beinahe kopfüber hinuntergestürzt wäre. Das machte mich rasend. In sinnlosem Zorn vergaß ich die Furcht, die meine Hand bisher zurückgehalten hatte, ergriff eine Axt und führte einen Hieb nach dem Tier, der augenblicklich tödlich gewesen wäre, wenn er sein Ziel getroffen hätte. Aber meine Frau fiel mir in den Arm. Diese Einmischung brachte mich in wahrhaft teuflische Wut. Ich entwand mich ihrem Griff und schlug die **Axt** tief in ihren Schädel ein. Sie brach lautlos zusammen.

Nachdem dieser grässliche Mord geschehen war, machte ich mich sogleich daran, den Leichnam zu verbergen. Mancherlei Pläne schossen mir durch den Sinn. Zuerst dachte ich daran, den Körper in kleine Stücke zu zerhacken und sie durch Feuer zu vernichten. Dann beschloss ich, im Boden des Kellers ein Grab zu graben. Ich überlegte mir aber auch, ob ich ihn nicht lieber im Hof in den Brunnen werfen sollte. Endlich kam ich auf einen Gedanken, der mir der richtige Ausweg zu sein schien:

Ich entschloss mich, die Leiche im Keller einzumauern – ganz so, wie es alten Erzählungen zufolge die Mönche des Mittelalters mit ihren Opfern gemacht haben mochten. Ich zweifelte nicht daran, dass es mir leicht möglich sein würde, an dieser Stelle die Ziegelsteine herauszunehmen, den Leichnam in die Höhlung hineinzubringen und die Wand wieder zuzumauern, so dass kein Mensch etwas Verdächtiges entdecken könnte.

Der Plan schien **problemlos** zu funktionieren, bis ich feststellen musste, dass die Kübel, die ich zum Anrühren des Mörtels benutzen wollte, unpassend waren – die Rezeptur verlangte fünf Liter Wasser, jedoch fassten die beiden Eimer, die mir zur Verfügung standen, jeweils nur vier und sieben Liter; noch dazu besaßen sie keinerlei Maßangabe. Doch bald schon gelang es mir, fünf Liter abzumessen und ich fuhr mit meinem Werk fort.

DIE SCHWARZE KATZE

Wie könnte man mit diesen beiden Kübeln fünf Liter abmessen?

DIE SCHWARZE KATZE

Lösung auf Seite 203

Die Fänge des Erzfeindes

Das nächste, was ich nun tat, war, mich nach der **Bestie** umzusehen, die so viel Elend veranlasst hatte, denn ich hatte ihr inzwischen längst das Urteil gesprochen: Sie musste sterben! Zweifellos wäre es sofort um sie geschehen gewesen; aber es schien, als ob das verschlagene Tier es mit Absicht vermied, mir in meiner gegenwärtigen Stimmung vor die Augen zu kommen. So **schlief** ich wenigstens eine Nacht hindurch tief und ruhig, selbst mit der Last des Mordes auf der Seele. Der zweite und der dritte Tag vergingen, ohne dass mein Quälgeist zurückkehrte. Das Ungeheuer war für immer vertrieben. Meine Seligkeit war grenzenlos! Das Bewusstsein meiner Tat störte mich nur wenig. Am vierten Tage kam unerwartet eine Polizeikommission und begann alle Räumlichkeiten gründlich zu durchsuchen. Ich war jedoch nicht im Geringsten darüber beunruhigt, da ich sicher war, dass die Leiche in ihrem Versteck nicht entdeckt werden konnte. Nachdem sie den Keller durchsucht hatten, waren die Beamten beruhigt und schickten sich an, fortzugehen. Die Freude meines Herzens war zu groß – ich musste sie irgendwie äußern!

„Meine Herren", sagte ich, „ich bin entzückt, Ihren Verdacht zerstreut zu haben. Hier ist ein kleines Rätsel, das Sie auf dem Heimweg begleiten soll: Bei welchem Mord findet die Polizei keine Leiche, obwohl nach einem Täter gesucht wird? Nebenbei bemerkt, meine Herren – dies ist ein sehr gut gebautes Haus. Ich möchte sagen, ein **hervorragend** gebautes Haus. Diese Mauern – gehen Sie schon, meine Herren? – diese Mauern sind solide aufgeführt." Und hier – rein aus tollem **Übermut** – schlug ich kräftig auf die Stelle des Mauerwerks, hinter der sich die Leiche meines Weibes befand.

Kaum war der Schall meiner Schläge verhallt, als eine Stimme aus dem Grabe mir Antwort gab. Es war ein Schreien, zuerst erstickt und abgebrochen, dann aber schwoll es an zu einem ununterbrochenen, durchdringenden Gekreisch, das keiner menschlichen Stimme mehr zu vergleichen war – zu einem bald jammervoll klagenden, bald höhnisch johlenden Geheul, wie es nur aus der Hölle kommt, wenn das Wehklagen der zu ewiger Todespein Verdammten sich mit dem Frohlocken der Höllengeister zu einem Schall vereint. Die Leute auf der Treppe standen regungslos. Im nächsten Moment aber arbeitete ein Dutzend kräftiger Hände daran, die Mauer einzureißen. Der schon stark in Verwesung übergegangene Leichnam stand aufrecht vor den Augen der Männer. Auf seinem Kopf saß, mit weit aufgesperrtem rotem Rachen und dem einen glühenden Auge, die fürchterliche Katze, deren teuflische Gewalt mich zum **Mörder** gemacht hatte und deren Stimme mich nun den Henkern überlieferte. Ich hatte das Scheusal in das Grab mit eingemauert.

Bei welchem Mord findet die Polizei keine Leiche, obwohl nach einem Täter gesucht wird?

DIE SCHWARZE KATZE

Lösung auf Seite 203

Die Kunst der Schlussfolgerung

Als ich mich im Frühling und während eines Teils des Sommers 1840 in Paris aufhielt, machte ich die Bekanntschaft eines Herrn C. August Dupin. Dieser junge Mann gehörte einer sehr guten, berühmten Familie an, die jedoch durch eine Reihe von Schicksalsschlägen in so tiefe Armut geraten war, dass die Energie seines Charakters darunter erlag, so dass er keine Versuche mehr machte, sich in eine bessere Lage emporzuarbeiten. Bücher waren das einzige, dem er nicht ganz zu entsagen vermochte – und diesen Luxus kann man sich in Paris ohne große Kosten leisten. Wir begegneten uns zum ersten Mal in einem obskuren Buchladen in der Rue Montmartre, wo der Zufall, dass wir beide dasselbe, übrigens sehr seltene und merkwürdige Buch suchten, uns in nähere Beziehung zueinander brachte. Von da an trafen wir uns zuweilen; vor allem aber waren es die seltene Frische und Lebendigkeit seiner Phantasie, die mich interessierten und anregten. Ich fühlte, dass die Gesellschaft dieses Mannes von unendlichem Wert sein könnte, und so machten wir miteinander aus, dass wir zusammen wohnen wollten.

Hätte die Welt gewusst, welche Lebensweise wir in unserem vernachlässigten und wunderlich aussehenden Häuschen führten, so würde man uns wahrscheinlich für Wahnsinnige gehalten haben. Unsere Abgeschiedenheit war eine vollkommene. Wir nahmen keine Besuche an. Wir wiegten die Seele in Träume – wir lasen, schrieben und unterhielten uns, bis zum Anbruch der Dunkelheit. Dann eilten wir in die Straßen, wo wir Arm in Arm umherschlendernd die Gespräche des Tages fortsetzten, und suchten im grellen Licht und tiefen Schatten der volkreichen Stadt jene Unendlichkeit geistiger Anregung, die stummes Beobachten sich zu verschaffen weiß.

Bei solchen Gelegenheiten konnte ich nicht umhin, immer wieder Dupins eigenartige analytische Begabung zu bemerken und zu bewundern. Er bewies mir die genaue Kenntnis meines eigenen Seelenlebens. Dupin berichtete mir von meiner Jugend, und dass ich meinen beiden Gefährtinnen Isabel und Rose so nahe gestanden hatte, dass sich sogar die Wahl unserer Kleidung gegenseitig bedingte – dass wir an jedem Tag entweder nur Rot oder nur Weiß trugen, Isabel jedoch Weiß gekleidet war, wenn ich Rot trug, und Rose und ich niemals zugleich etwas Rotes trugen; und dass Isabel und Rose niemals zugleich etwas Weißes trugen. Er wusste sogar, welche Möglichkeiten dies unserem Kleidungsstil ließ!

Welche Möglichkeiten ließ uns unser Kleidungsstil?

Lösung auf Seite 203

Der Schusterin auf der Spur

Die eben geschilderten Eigenschaften des Franzosen waren Resultate einer überreizten Intelligenz. Ich glaube durch ein Beispiel die beste Vorstellung von dem Charakter der Aussprüche, die er zu solchen Zeiten machte, geben zu können. Wir schlenderten eines Abends durch eine lange Straße in der Nähe des **Palais Royal**.

Plötzlich brach Dupin ganz unvermittelt in die Worte aus: „Sie ist wirklich eine sehr kleine Person, das ist wahr! Sie würde besser für das **Varieté** passen." „Zweifellos", erwiderte ich unwillkürlich, nichtsahnend, dass seine Worte mit meinem Gedankengang seltsam übereinstimmten. Das fiel mir erst einen Augenblick nachher auf, und da war ich allerdings ziemlich verblüfft. „Dupin", sagte ich in ernstem Ton, „das geht über mein Verständnis. Ich vermag kaum meinen Sinnen zu trauen. Wie konnten Sie nur wissen, dass ich gerade an ...?" Ich hielt inne, um mich zu überzeugen, ob er wirklich den Namen wisse.

„An Rose natürlich", sagte er; „warum halten Sie inne? Sie dachten doch gerade darüber nach, dass ihre kleine Gestalt sie wirklich untauglich zum Tragöden mache." Damit hatten meine Gedanken sich wirklich beschäftigt. Meine Jugendfreundin Rose war eine Schusterin aus der Rue St. Denis, die, von einer **Leidenschaft** für das Theater ergriffen, es durchgesetzt hatte, in der Rolle des Xerxes in Crébillons Tragödie aufzutreten, aber natürlich durchgefallen war und für all ihre Mühe nur Hohn und Spott geerntet hatte. „Sagen Sie mir um Himmels willen", rief ich aus, „nach welcher Methode Sie vorgegangen sind, um so in meiner Seele lesen zu können!"

„Ich werde Ihnen das erklären", sagte er einfach, „und damit Sie mich ganz verstehen, wollen wir den Gang Ihrer Gedanken zurückverfolgen." „Erst in diesem Monat trafen Sie spontan auf ihre früheren Gefährtinnen Isabel und Rose, im öffentlichen Badehaus. Diese Angewohnheit pflegen Sie alle erst seit dem letzten Monat. Einer von Ihnen besucht das Badehaus alle zwei Tage, ein anderer alle drei Tage, und noch ein anderer alle sieben Tage. Sie besuchten das Badehaus diesen Monat zum ersten Mal an einem Montag, Isabel an einem Mittwoch und Rose an einem Freitag. Ich musste lediglich schlussfolgern, an welchem Tag im Monat das spontane Treffen stattfand, und dann zehn oder zwölf weitere Schlussfolgerungen anstellen, welche ich sogleich im Detail erläutern will, und voilà! Ich kam zu dem Schluss, dass Sie der Tatsache erlegen waren, dass die Schusterin von zu geringer Körpergröße für Xerxes wäre. Das Ganze war wirklich simpel."

An welchem Tag des Monats fand das spontane Treffen statt?

DER DOPPEL-
MORD IN DER
RUE MORGUE

177

Lösung auf Seite 203

Morgens in der Rue Morgue

Nicht lange danach lasen wir die Abendausgabe der *Gazette des Tribunaux*. Unsere Aufmerksamkeit wurde durch folgende Stelle gefesselt: „SENSATIONELLER MORD – Die Bewohner des Quartiers St. Roch wurden durch entsetzliche Schreie geweckt, die aus dem vierten Stock eines Hauses der Rue Morgue drangen, das, wie man wusste, von einer gewissen Madame L'Espanaye, ihrem Sohn Pierre L'Espanaye, ihrer Tochter Madame Camille Mignaud und Madame Mignauds Sohn Monsieur Alexandre Mignaud bewohnt wurde. Nach einer Verzögerung wurde das Haustor mit einer Eisenstange erbrochen, worauf acht Nachbarn in Begleitung zweier **Gendarmen** in das **Haus** drangen. Das Geschrei war unterdessen verstummt, aber als die Leute die Treppe hinaufstürzten, vernahmen sie von oben her deutlich den Klang von drei rauen Stimmen, die **heftig** und laut miteinander stritten. **Isidor Musèt, ein Gendarm**, sagt aus, dass er jemanden Folgendes ausrufen hörte: ‚Ich bin entsetzt. Ich wünschte, ich könnte die Mutter des Opfers sein, aber dies bin ich nicht. Der wahre Mörder ist mein Kind!' **Henri Duval**, ein Nachbar, seines Zeichens Silberschmied, sagt aus, dass er ebenfalls Geräusche aus dem Stockwerk hören konnte, darunter: ‚Nun denn, ich bin die Mutter des Opfers und nicht die Mutter des Mörders!' **Pauline Dubourg**, eine Wäscherin, bestätigt, dass sie eine Stimme sagen hörte: ‚Ich bin gleichen Geschlechts wie das **Opfer**!', aber nicht, warum dies gesagt wurde.

Als man endlich den vierten Stock erreichte, bot sich ein Anblick dar, der alle Anwesenden mit Grauen und höchster Verwunderung erfüllte. „In der Wohnung herrschte die wildeste Unordnung. Auf einem Stuhl lag ein **blutbeschmiertes** Rasiermesser. Auf dem Kamin fand man zwei oder drei lange dicke Strähnen grauen Menschenhaares, die ebenfalls mit Blut besudelt waren und mit den Wurzeln ausgerissen zu sein schienen. Von einer Leiche war keine Spur zu entdecken; da man aber den Kamin und den Fußboden davor ganz mit Ruß bedeckt fand, forschte man im Schornstein nach, und man zog einen Leichnam daraus hervor, der ziemlich hoch in den engen Schornstein hinaufgestopft worden war. Der Körper war noch ganz warm. Bei der Untersu-

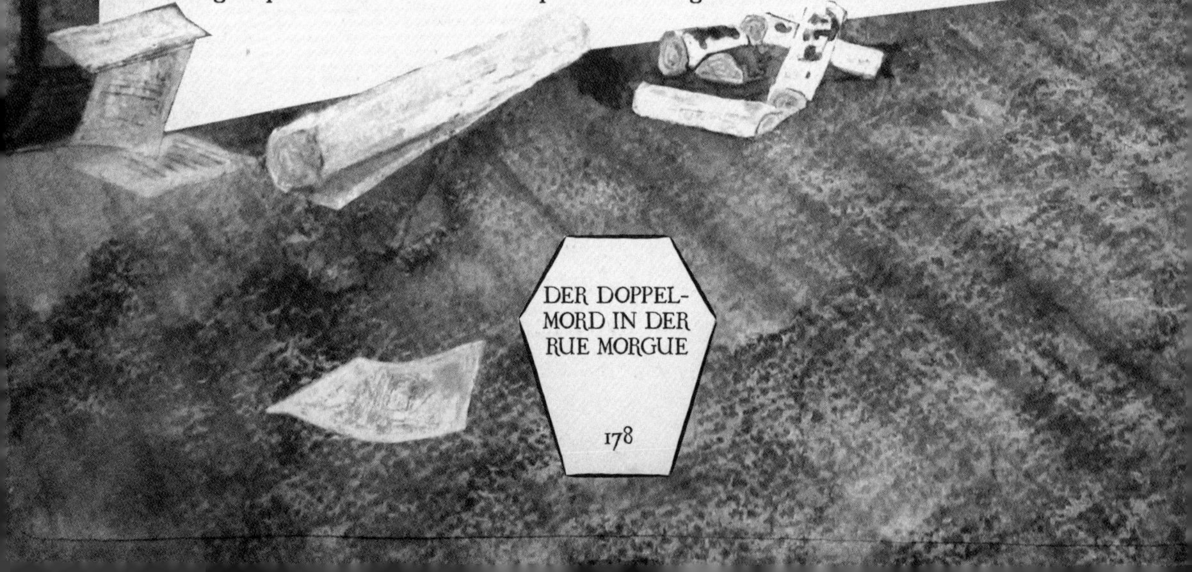

Lösung auf Seite 205

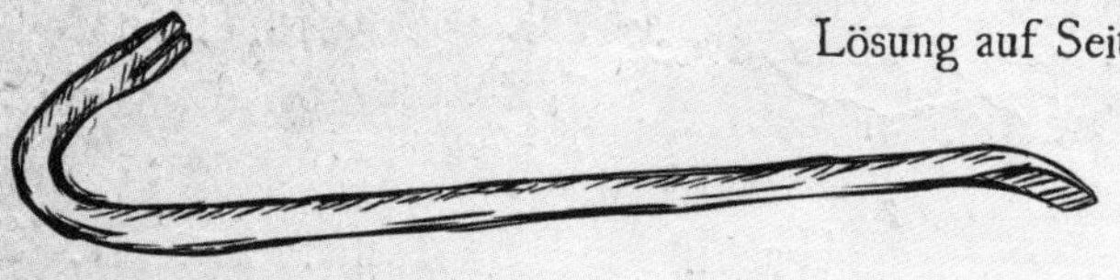

chung stellte sich heraus, dass der Kopf durch einen Kehlschnitt beinahe vom Rumpf abgetrennt wurde, so dass er abfiel, als man die Leiche aufzuheben versuchte. Der Körper sowohl wie der Kopf waren in grauenhaftester Weise verstümmelt, und besonders der erstere sah kaum noch menschenähnlich aus.

Für die anwesenden Beamten stand fest, dass einer der vier Hausbewohner von den anderen drei Hausbewohnern getötet worden war. Diese mussten außerdem für die kontroversen Aussagen verantwortlich sein. Zudem ging die Polizei davon aus, dass eine der Aussagen der Hausbewohner eine Lüge sein musste. Trotz aller Bemühungen ist es bis jetzt noch nicht gelungen, den Schlüssel zur Frage nach der Identität des Mörders zu finden."

Dupin schien sich für den Verlauf dieser Angelegenheit auf das lebhafteste zu interessieren – wenigstens schloss ich das aus der Art seines Benehmens. Er fragte mich, was ich von dieser Angelegenheit dächte und ich stimmte mit der Meinung von ganz Paris überein, dass die Affäre in ein undurchdringliches Dunkel gehüllt sei und dass man bis jetzt auch nicht die kleinste Hoffnung hätte, die Spur der Mörder aufzudecken.

Wer ist der Mörder?

Die Morde am anderen Ende der Straße

An den auf die Festnahme folgenden Tagen fiel mir auf, dass Dupins Gedanken abgeschweift waren. Hatten wir uns zuvor oft stundenlangen Gesprächen hingegeben, vergrub er sich nun in Büchern, Zeitungen und Werken des Naturalismus und der Anatomie – doch warum, ließ sich nicht herausfinden.

Besonders fasziniert war Dupin von anderen gerade geschehenen Fällen von Barbarei und Tumult. Aus der *Gazette des Tribunaux* las er mir etwas über einen anderen Mord vor, der im Quartier St. Roch stattgefunden hatte – dieser an einem Bankier, der für Mignaud et Fils gearbeitet hatte. Drei Männer mit Namen William Bird, Adolphe Le Bon und Alberto Montani hatten das Opfer in der Nacht seines Mordes daheim aufgesucht. Einer dieser Männer musste sich demnach auch als Schuldiger erweisen.

Der Zeitungsartikel war lückenhaft und seltsam verfasst. Es wurde zum Beispiel erwähnt, dass der Mörder später als mindestens einer der anderen Besucher eingetroffen sein musste, und dass einer der Polizeibeamten, der den Fall untersuchte, an Mitternacht eintraf – dies war jedoch früher als mindestens einer der anderen Besucher. Darüber hinaus trafen weder Bird noch Le Bon nach Mitternacht ein, und derjenige, der vor Le Bon und Montani eingetroffen war, war nicht der Polizeibeamte. Der Besucher, der nach Bird und Montani eintraf, war nicht der Mörder.

„Wer brachte den Bankier dann um?“, flehte ich Dupin an, und nach einer halben Stunde, in der er mir alles erörterte, antwortete er mir schließlich.

„Wer brachte den Bankier dann um?“

DER DOPPEL-
MORD IN DER
RUE MORGUE

Lösung auf Seite 206

Ablenkung auf der Suche nach der Wahrheit

Die Nachricht von der irrtümlichen Verhaftung des mutmaßlichen Täters war weitaus weniger erstaunlich als die Offenbarung, dass mein hochverehrter Freund César Auguste Dupin nicht immer richtig lag. Es gab eine tiefgründigere, seltsamere Erklärung als die logische Präzision seiner Schlussfolgerungen, und diese würde die Grenzen der Vernunft bald erheblich strapazieren.

„Wollen wir zuerst die Sache selbst näher untersuchen, ehe wir uns ein Urteil darüber bilden", merkte Dupin an. „Ich verspreche mir viel Spaß davon."

Ich fand diesen Ausdruck nicht eben glücklich gewählt, sagte aber nichts. Wir begaben uns ohne weiteren Verzug nach der Rue Morgue. Das Haus fanden wir sofort; es war immer noch von vielen Menschen umlagert, die auf die geschlossenen Fensterläden gafften. Nachdem wir unsern Erlaubnisschein vorgezeigt hatten, wurden wir von dem Wache haltenden Polizeibeamten eingelassen. Wir gingen zuerst in das Zimmer, in dem man die Leiche gefunden hatte, wo sie noch immer lag. Dupin untersuchte alles sorgfältig – sogar die Leiche. Unvermittelt rückte er mit der Frage heraus, ob mir denn gar nichts **Absonderliches** aufgefallen sei. In der Art, mit der er das Wort betonte, lag etwas, das mich unwillkürlich schaudern machte, ohne dass ich wusste weshalb.

„Mir scheint, als ob das für unlösbar gehaltene Geheimnis durchaus nicht unergründlich ist", gab er zu bedenken.

„Führen Sie sich beispielsweise eine Münze vor Augen, welche Sie 75 Mal in die Luft werfen und welche Ihnen jedes Mal die Zahl beschert. Wenn Sie sie nochmals werfen, welche Wahrscheinlichkeit trifft dann eher zu, Kopf oder Zahl? Verstehen Sie, was ich meine? Die Polizei steht ratlos vor einem Verbrechen, dessen Motive vielleicht weniger unbegreiflich sind als die Scheußlichkeit, mit der es ausgeführt wurde. Die in dem Zimmer herrschende wilde Unordnung, die mit dem Kopf nach unten in den Schornstein hinauf gepresste Leiche, die Verstümmelungen sowie noch weitere Tatsachen haben genügt, um die Tatkraft der Polizei zu lähmen und ihren Scharfsinn irrezuführen. Die Polizei ist eben in den häufig vorkommenden, aber groben Irrtum verfallen, das Ungewöhnliche mit dem Unerforschlich scheinenden zu verwechseln. Indessen bin ich der Ansicht, dass gerade dieses Abweichen von dem Wege des Gewöhnlichen uns einen Fingerzeig dafür geben kann, was geschehen muss, um der Wahrheit auf die Spur zu kommen. Man sollte nicht so rasch fragen: was ist geschehen, als: was ist hier geschehen, was noch nicht vorher geschehen ist?"

„Nun denn", entgegnete ich und schluckte den Köder, „was ist es, das noch nicht vorher geschehen ist?"

„Ich glaube, dass niemand anderes als ein Orang-Utan diese **schreckliche** Tat begangen haben könnte!"

DER DOPPELMORD IN DER RUE MORGUE

Lösung auf Seite 206

Wenn Sie die Münze nochmals werfen, welche Wahrscheinlichkeit trifft eher zu, Kopf oder Zahl?

LÖSUNGEN

Lösungen

KAPITEL 1: DIE MASKE DES ROTEN TODES

1 – DER DIEB IN DER NACHT

Nein, beide Edelmänner sprachen die Wahrheit. Hätte der erste Edelmann gelogen, hätte seine Aussage falsch sein müssen, und somit hätte er nicht behaupten können, ein Lügner zu sein – was ja die Wahrheit gewesen wäre. Seine Aussage muss also wahrheitsgemäß sein, was bedeutet, dass der zweite Edelmann auch nicht log. Keiner von beiden war mit der Seuche in Berührung gekommen.

2 – LANDADEL AUF ENGSTEM RAUM

Wenn 810 Gäste einen Adelstitel hatten, dann hatten 90 der 900 (100 besaßen ja weder Vermögen noch Titel) nur ein Vermögen. Da 630 Gäste ein Vermögen haben, bleiben 270 Gäste, die nur einen Titel besitzen. 270 + 90 = 360, was bedeutet, dass 36 % ein Vermögen oder einen Titel besaßen, nicht aber beides. Wenn man nun die 10 % hinzuaddiert, die keines von beidem besaßen, bedeutet dies, dass 54 % der Gäste sowohl ein Vermögen als auch einen Titel besaßen. 540 ist also die richtige Antwort.

3 – EIN GESPENST GEHT UM IN EUROPA

Gestern.

4 – FLUCHTEN

Venerio und Corelia lebten in dem blauen Raum, Maso und Galitia bewohnten das grüne Zimmer, Antonio und Maria hatten das purpurne Zimmer und Girardino und Caterina wohnten in dem orangefarbenen Raum.

5 – DER SCHWARZE SAAL

Scarlatto und Luzio fochten zwar beide ein Duell, aber nicht miteinander.

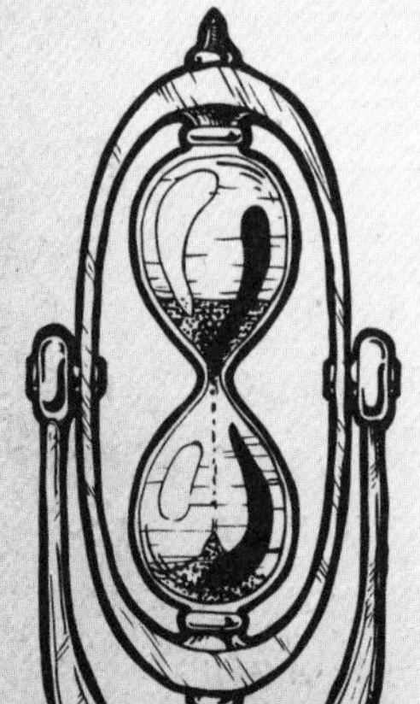

6 – DANSE MACABRE

Der Einfachheit halber nennen wir die Edelmänner A, B, C und D und die Damen E, F, G und H. Sie müssen so die Tanzpartner wechseln, dass niemand zweimal mit oder gegenüber derselben Person tanzt.

	Erster Raum	Zweiter Raum
Erster Tanz	A G gegenüber B H	C E gegenüber D F
Zweiter Tanz	A H gegenüber C F	D E gegenüber B G
Dritter Tanz	A F gegenüber D G	B E gegenüber C H

7 – ZERSTREUENDE VERGNÜGUNGEN

Zuerst tritt Agnolo, der Bänkelsänger, auf. Dann der Harlekin Amadore, dann der Tänzer Atenulf, denn der Spaßmacher Andreuccio und schließlich Aiulf, der Musiker.

8 – DUNKELHEIT ÜBER ALLEM

Nichts.

Lösungen

9 – DER EROBERER WURM
Die ersten beiden Sätze in der fremden Sprache haben als einziges Wort *spek* gemeinsam. In den entsprechenden deutschen Übersetzungen ist *gefangen* das einzige gemeinsame Wort, also muss *spek gefangen* heißen. Im zweiten und dritten Satz kommt jeweils das Wort *ruv* vor, in der deutschen Übersetzung jeweils das Wort *Mann*, also bedeutet *ruv Mann*. Außerdem haben der erste und der dritte Satz das Wort *mai* gemeinsam, das erscheinend bedeuten muss. Wir können also schlussfolgern, dass in dem ersten Satz *(Maj hirmak spek) hirmak* für *nicht* stehen muss. Analog dazu bedeutet *twel* aus dem zweiten Satz *Hilfe* und *lursy* aus dem dritten Satz bedeutet *tot*. *Hilfe nicht tot* ergibt also: ***Twel hirmak lursy.***

10 – BEKLEMMENDE PHANTASIEN
0,1 mal 0,9 mal 0,8 ergibt 0,072, also 7,2 %.

Lösungen

11 – NAMENLOSES ELEND

Aus den Angaben können wir berechnen, dass ein Pleem 2100 Troppen umfasst:

1 Slem = 10 Troppen
1 Gror = 6 Slem = 6 x 10 Troppen = 60 Troppen
1 Wat = 5 Gror = 5 x 60 Troppen = 300 Troppen
1 Pleem = 7 Wat = 7 x 300 Troppen = 2100 Troppen

Weiterhin können wir berechnen, dass ein Wat 30 Slem hat:
1 Wat = 300 Troppen = 30 x 10 Troppen = 30 Slem

2100 geteilt durch 30 ergibt 70.
70 ist also die Antwort.

12 – DÄMONEN AUF DEM OXUS

Die beiden Söhne sind jeweils Onkel und Neffe füreinander. Nennen wir, um dies zu erläutern, die Männer Abner und Benjamin. Abners Sohn soll Chauncy heißen und Benjamins Sohn soll Daniel genannt werden.

Benjamin und Chauncy sind Halbbrüder, da sie dieselbe Mutter haben. Somit ist Benjamins Sohn Daniel Chauncys Neffe. Ebenso sind Abner und Daniel Halbbrüder, Chauncy ist also Daniels Neffe.

Und es wird noch verzwickter: Benjamins Mutter ist mit Abner verheiratet, was bedeutet, dass Benjamins Mutter Abners Mutter zur Schwiegermutter hat. Das macht Abners Mutter zu Benjamins Großmutter. Benjamin ist also mit seiner Großmutter verheiratet und sein eigener Großvater.

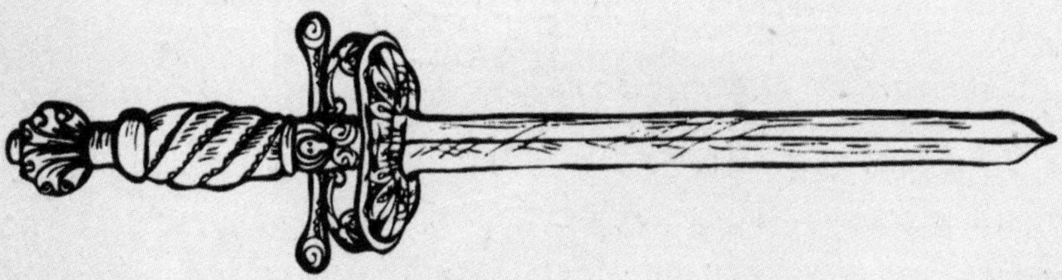

Lösungen

KAPITEL 2: DER RABE

13 – EIN BESUCHER VON DEN UFERN DES STYX
Der Orkan.

14 – SCHATTENHEER
Der Rabe hat wohl auch hier die richtige Antwort gegeben: Es würden keine Krähen mehr in der Buche verbleiben, denn die restlichen Krähen wären davongeflogen.

15 – DER HANG ZUR VERKEHRTHEIT
Eine Stunde.

16 – NUR EIN SCHRITT
200 Fuß.

17 – ERLOSCHEN
Die Kerzen müssen drei Stunden und 45 Minuten (also drei Stunden und drei Viertelstunden) gebrannt haben. Eine Kerze ist bis auf ein Sechzehntel ihrer Gesamtlänge abgebrannt, die andere bis auf vier Sechzehntel ihrer Gesamtlänge.

18 – SOLANGE ICH KEIN NARR BIN
Der Narr ist am klügsten,
wenn er schweigt.

Lösungen

KAPITEL 3: WASSERGRUBE UND PENDEL

19 – VERSCHIEDENE ARTEN DER FOLTER

Sobald der Erzähler einen Zettel gezogen hatte, hätte er diesen hinunterschlucken müssen. Angesichts des verbleibenden Zettels hätten die Richter dann zu dem Schluss kommen müssen, der Erzähler habe „BEGNADIGUNG“ gezogen.

20 – SCHICKSALHAFTE BEHÄLTER

Der Erzähler hätte eine rote Murmel in das eine Gefäß und die verbleibenden 199 Murmeln in das andere Gefäß geben sollen. Dies hätte für ihn eine Chance von 74,87 % bedeutet, freigelassen zu werden. Die Wahrscheinlichkeit, ein bestimmtes Gefäß zu bekommen, liegt bei 0,5. Die Wahrscheinlichkeit, aus diesem Gefäß eine rote Murmel zu ziehen, ist bei dem einen Gefäß 1 und bei dem anderen 99/199. Damit ist die Gesamtwahrscheinlichkeit, eine rote Murmel zu ziehen, 0,5 x (1) + 0,5 x (99/199) = 0,7487.

21 – DIE MARIONETTENPARADE

Der Erzähler und die anderen Gefangenen hätte sich darauf einigen sollen, dass der Letzte in der Reihe „schwarz“ sagen sollte, wenn er eine ungerade Anzahl von schwarzen Hüten sieht, und „rot“, wenn er eine gerade Anzahl von schwarzen Hüten sieht. So kann zwar dieser Gefangene seine eigene Chance nicht verbessern, er kann aber den anderen helfen. Sagt der zehnte Gefangene „schwarz“ und der neunte Gefangene sieht eine ungerade Anzahl von schwarzen Hüten vor sich, so weiß er, dass sein

eigener Hut rot sein muss, denn sonst hätte der zehnte Gefangene eine gerade Zahl von schwarzen Hüten gesehen. Ebenso weiß der neunte Gefangene, wenn eine gerade Anzahl von schwarzen Hüten vor ihm zu sehen ist, dass sein eigener Hut schwarz sein muss, denn sonst hätte der zehnte Gefangene eine gerade Anzahl von schwarzen Hüten gesehen. Auf diese Art und Weise kann sukzessive jeder Gefangene die Farbe seines eigenen Hutes durch logische Schlussfolgerungen ermitteln.

Dabei gilt es zu beachten: Das erste Mal, wenn ein Gefangener den Tipp „schwarz" abgibt, bedeutet dies, dass von ihm aus eine ungerade Anzahl schwarzer Hüte sichtbar ist. Wenn der nächste Gefangene auf „Schwarz" tippt, bedeutet dies aber, dass er eine gerade Anzahl von schwarzen Hüten sieht. Jedes Mal, wenn jemand „schwarz" sagt, ändert sich also die Bedeutung. Wenn er dies im Kopf behält, kann jeder Gefangene die Farbe seines Hutes aus der Anzahl der Gefangenen hinter ihm, die auf „Schwarz" getippt haben, und aus der Anzahl der schwarzen Hüte vor ihm ableiten. Mit diesem Vorgehen werden neun der Gefangenen sicher freigelassen; der Letzte in der Reihe hat eine fünfzigprozentige Chance.

22 – DIE BESTIE LIEGT AUF DER LAUER

Die Bestie ist hinter der vierten Tür.

23 – AM ABGRUND

Eine Kette.

24 – DIE QUAL DER WAHL

Die dritte Tür kann von Beginn an ausgeschlossen werden: Würde sie den Erzähler in Sicherheit bringen, wären beide auf ihr angebrachten Hinweise falsch. Die jeweils ersten Hinweise auf der ersten und zweiten Tür stimmen

überein, sie sind also entweder beide richtig oder beide falsch. Wären sie falsch, so wären die jeweils zweiten Hinweise richtig – was nicht sein kann, denn diese Hinweise widersprechen sich. Dies bedeutet, dass die jeweils ersten Hinweise richtig sind: Die zweite Tür ist die, hinter der keine Gefahr lauert.

25 – IMMER NÄHER
Viereinhalb Stunden.

26 – ÜBER DEN FLAMMEN
Das Seil, und damit die Entfernung vom Boden bis zur Decke, ist 32,125 Fuß lang. Dem Erzähler wird also die Flucht gelingen.

27 – AN DER SCHWELLE DES TODES
Der Fisch.

28 – ENTGLEISTE EXPERIMENTE
Wenn sich die beiden Züge treffen … sind sie gleich weit von Rockwood entfernt.

29 – DIE FARBEN DES TODES
Der entscheidende Punkt ist hier, dass der Mann in Gelb mit Herrn Weiß spricht – und somit nicht dieser sein kann. Ebenso wenig kann er Herr Gelb sein, da ja niemand die Farbe seines eigenen Namens trägt. Bei dem Mann in Gelb muss es sich also um Herrn Schwarz handeln. Herr Weiß wiederum kann nicht Weiß tragen, er muss also in Schwarz gekleidet sein. Übrig bleibt nur noch Herr Gelb – der also weiß gekleidet ist.

30 – VON DEN LETZTEN DINGEN
Die Buchstaben haben nur eine Gemeinsamkeit: In Großschreibung beinhalten sie grafisch eine geschlossene Form. R ist der nächste – und einzige – Buchstabe des Alphabets, auf den dies auch zutrifft.

31 – DAS ALLES VERZEHRENDE ENDE
Das Feuer.

Lösungen

KAPITEL 4: DAS FASS AMONTILLADOWEIN

32 – FALSCHER FASCHING IM MAI

Der Faschingsdienstag findet frühestens am 8. Mai und spätestens am 14. Mai statt.

33 – EIN FASS OHNE BODEN

Der Erzähler hatte ursprünglich 96 Lire.

34 – WEININVENTUR

Neun Weinflaschen.

35 – GIERIGE DIENER

Der Einkaufspreis des Weins beträgt 798 Lire. Um einen Gewinn von 5 % zu machen, muss der Händler also 837,90 Lire einnehmen. Deshalb nennt er dem Erzähler den Preis von 931 Lire: Wenn der Erzähler und sein Diener je 5 % Nachlass bekommen, erhält der Händler 837,90 Lire.

36 – VERHÄNGNISVOLLE BEUTE

Die Diebe hatten insgesamt 24 Flaschen erbeutet. Die Menge Wein, die sich darin noch befand, entsprach 21 kleinen Flaschen. 3 ist die einzige Zahl, durch die beide Mengen teilbar sind. Damit die Beute gerecht aufgeteilt werden kann, muss es sich also um drei Diebe handeln. Nun hätte einer der Diebe 3 volle große Flaschen, 1 leere große Flasche, 1 volle kleine Flasche und 3 leere kleine Flaschen nehmen können. Die beiden anderen Diebe hätten dann jeweils 2 volle und 2 leere große Flaschen erhalten sowie 1 leere und 3 volle kleine Flaschen. Damit besäße jeder Dieb eine Menge Wein, die 3,5 großen Flaschen entspricht, sowie 4 große und 4 kleine Flaschen.

Lösungen

37 – ENTFERNTE VERWANDTE
Onesta ist Tortulas Nichte.

38 – VERGEBLICHES FLEHEN
Der Tod.

39 – EIN BALLONFLUG
Mr. Henson war auf seiner Reise nicht allein. Als der Heißluftballon in Schwierigkeiten geriet, entledigten er und seine Gefährten sich ihrer Kleidung, aber der Ballon war immer noch zu schwer. Sie zogen Streichhölzer, um zu bestimmen, wer sich opfern musste, und Mr. Henson verlor. Nachdem er in den Tod gesprungen war, flogen seine Gefährten sicher heim und verbargen ihre Identität.

40 – REGIERT VON EINEM BOSHAFTEN KIND
Lanval muss Karbunkel sein, Gille muss Kröte sein, Aucassin ist Enttäuscht-seine-Eltern, und Flore ist Putenhirn.

41 – SPIELBALL DES KÖNIGS
Ein Loch.

42 – EINLADUNG ZUM BALL
Das Maskenfest begann um 19 Uhr.

43 – DIE ZAHL
Tausend.

44 – BAL DES ARDENTS
Hätte Hopp-Frosch beide Fackeln verwendet, hätte er die Männer in 1,2 Minuten, oder 72 Sekunden, umbringen können.

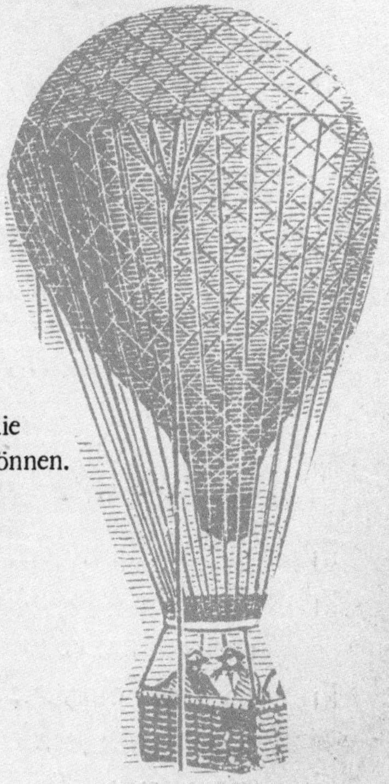

Lösungen

KAPITEL 5: DER UNTERGANG DES HAUSES USHER

45 – UNWEIT EINES GEISTERHAFT STILLEN PFUHLS
Eine Weltkarte.

46 – DER VERLORENE FADEN
Die Schlussfolgerung ist falsch. Einige Sirabs können Losas sein, müssen es jedoch nicht zwangsläufig.

47 – EINE EIGENTÜMLICHE ATMOSPHÄRE
Hähne legen keine Eier.

48 – DIE DIMENSIONEN DES WAHNSINNS
Gesetzt den Fall, x ist die Diagonale des Fußbodens, so gilt $x^2 = 24^2 + 48^2$, $x = 24\sqrt{5}$
Wenn h die Höhe des Raumes ist, dann gilt $h^2 + (24\sqrt{5})^2 = 56^2$ und $h = 16$, somit beträgt die Höhe des Raumes 16 Fuß.

49 – IM KAMPF MIT DEM GRÄSSLICHEN PHANTOM
Ja. Nehmen wir an, dass 200.000 Leute in der Stadt leben. Wenn jeder Einwohner eine unterschiedliche Anzahl von Haaren auf dem Kopf trüge, dann gäbe es 200.000 unterschiedliche positive ganze Zahlen, jede von ihnen kleiner als 200.000 – was unmöglich ist.

50 – ZERRISSENE, ZERSCHLISSENE HERZEN
Man würde queg ool sagen (die Adjektive folgen den Substantiven).
Die Wörter lauten:

holver = zerschlissen
plu = flicken
queg = Herz
jire = Kleider
ool = zerrissen
kleest = oft

51 – DIE SCHRECKEN, DIE ER VORAUSGEAHNT HATTE

Der Schnee fällt, ohne sich zu verletzen.

52 – EINE STRENG LOGISCHE DENKWEISE

Von der Besatzung haben 56 sowohl bei der Vereinigten Ostindischen Kompanie als auch bei der Britischen Ostindien-Kompanie angeheuert: Da 13 Besatzungsmitglieder noch nie zur See gefahren sind, bleiben uns 87, die dies schon getan haben. Von diesen 87 haben 78 für die Britische Ostindien-Kompanie gearbeitet, was bedeutet, dass 9 dies nicht getan haben (87 – 78 = 9). 65 haben für die Vereinigte Ostindische Kompanie gearbeitet, also taten 22 dies nicht (87 – 65 = 22). Somit gibt es 9 + 22, also 31 Personen, die nicht für beide Kompanien gearbeitet haben können, jedoch 87 – 31, also 56 Personen, die es taten.

53 – UNTER DECK

Da die Menge der Baumwolle sich in jeder Minute verdoppelt und der Sack nach zwei Stunden vollständig gefüllt ist, muss der Sack eine Minute zuvor zur Hälfte gefüllt gewesen sein. Also befand sich der Erzähler für eine Stunde und 59 Minuten unter Deck.

Lösungen

54 – DAS BLATT WENDET SICH
Es sind insgesamt elf Partien gespielt worden: Der Schwede muss vier Mal gewonnen haben, um mit dem Erzähler gleichzuziehen, denn der hat ja keinen Schinken. Danach hat er weitere drei Male gewonnen: 4 + 4 + 3 = 11.

55 – MEERESSTILLE UND GLÜCKLICHE FAHRT
Die Söhne hatten entschieden, die Boote zu tauschen: Der Sohn, dessen Jolle als letzte ankam, sollte das Erbe erhalten. Wenn sie also stattdessen das Boot des jeweils anderen nahmen, mussten sie versuchen, zu gewinnen.

56 – EINE WASSERHÖLLE
Mit dem Morgentau.

57 – WIE GESPENSTER BEGRABENER JAHRHUNDERTE
„Congra“ bedeutet Samum. Den ersten beiden Phrasen zufolge heißt „glup“ herannahend. Laut der dritten Wortgruppe heißt „terook“ groß. Somit muss „congra“ Samum bedeuten.

Lösungen

KAPITEL 6: DAS VERRÄTERISCHE HERZ

58 – EINE UNTERKÜHLTE ENTDECKUNG
Ein Schwamm.

59 – ICH BRENNE UND BRENNE
Eine Laterne.

60 – SCHLAFENDE HUNDE
Der alte Mann besaß vier Hunde: einen Schweißhund, eine Bracke, einen Terrier und einen Pointer.

61 – TOTGESCHLAGENE ZEIT
Die Uhr braucht 12,83 Sekunden, um die 12. Stunde zu schlagen: Um 7 Uhr gab es 6 Intervalle zwischen den 7 Schlägen, und da vom ersten bis zum letzten Schlag 7 Sekunden vergingen, heißt dies, dass jeder Schlagintervall 7/6 Sekunden lang ist. Um Mitternacht gibt es 11 Intervalle, also vergehen insgesamt (11 x 7/6) oder 12,83 Sekunden.

62 – DER ANFANG VOM ENDE
Der Buchstabe E.

63 – DAS BEGRÄBNIS SEINES FÜRCHTERLICHEN HERZENS!
Um zur Lösung zu gelangen, muss die Tätigkeit unter den zwei Charakteren aufgeteilt werden, damit sie beide zugleich damit fertig sind. Der Erzähler kann die Leiche 1 $^{1}/_{2}$ Mal schneller als der alte Mann beseitigen, also sollten sie die Arbeit 1 $^{1}/_{2}$ Mal vollbringen: Der alte Mann sollte $^{2}/_{5}$ des Beseitigens und der Erzähler $^{3}/_{5}$ davon erledigen. Da der Erzähler den Leichnam innerhalb von zwei Stunden zerteilt und beseitigt hat, bräuchten beide zusammen für $^{3}/_{5}$ der Aufgabe 1 und 1/5 Stunden ($^{3}/_{5}$ x 2). Das bedeutet, dass der kürzeste Zeitraum für das gemeinsame Beseitigen des alten Mannes (dessen Ableben einmal außer Acht gelassen) 1 Stunde und 12 Minuten beträgt. Der Erzähler war um 4 Uhr morgens damit fertig; er muss also um 2 Uhr mit

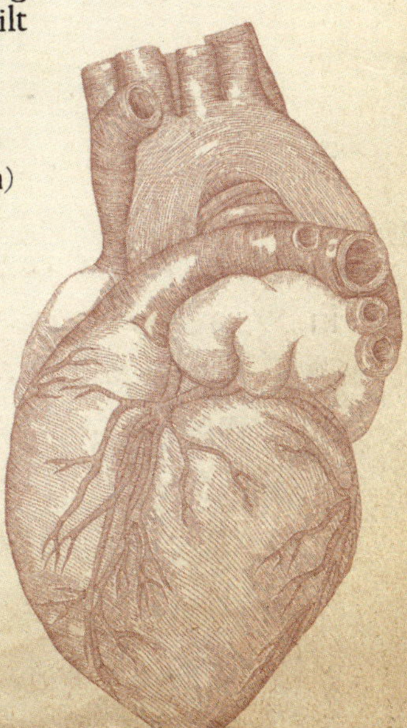

der Aufgabe begonnen haben. Beide zusammen wären also um 3:12 Uhr damit fertig gewesen.

64 – EIN LEISES, DUMPFES, SCHNELLES GERÄUSCH
1000 Kilometer. Ein Kubikmeter sind 1000 Kubikmillimeter x 1000 x 1000. Eintausend dieser Würfel würden übereinandergestapelt eine Stange mit einer Länge von 1 Meter ergeben, da es jedoch noch weitere 1000 x 1000 Würfel gibt, wäre die Stange letztendlich 1000 Kilometer hoch.

65 – DIE HOHE KUNST
Ja, das ist möglich. Außerhalb eines Schaltjahres besitzt ein Jahr 365 Tage und 52 Wochen. Da 52 x 7 = 364 sind, ergibt sich daraus ein zusätzlicher Tag. Somit liegt die Wahrscheinlichkeit für jeden beliebigen Wochentag, innerhalb eines normalen Jahres 53 Mal vorzukommen, bei einem Siebtel.

Lösungen

66 – WIE EIN SCHATTEN AUF DER SEELE

Morella wird das Ziel zuerst erreichen. Um dies zu beweisen, nehmen wir einmal an, dass die beiden 12 Meilen zurücklegen, dabei mit einer Geschwindigkeit von 2 Meilen pro Stunde laufen und 6 Meilen pro Stunde rennen.

E sei gz = d (Geschwindigkeit x Zeit = Distanz), um die Zeit beider Personen zu errechnen.

Daraus ergibt sich für den Erzähler, der eine Hälfte der Distanz läuft, die andere rennt:
2z = 6 Meilen, also z = 3 Stunden laufend
6z = 6 Meilen, also z = 1 Stunde rennend
Z = 4 Stunden insgesamt

Für Morella, die die Hälfte der Zeit läuft, die andere rennt.
2(1/2z) + 6(1/2z) = 12 Meilen
z + 3z = 12
4z = 12
z = 3 Stunden insgesamt

67 – PRINCIPIUM INDIVIDUATIONIS

Der Buchstabe L.

68 – MORELLA!

Die Antwort lautet 50. 48 ist der Mittelwert zwischen 28 und 68, also müssen wir den Mittelwert zwischen 24 und 76 finden. Wenn wir 24 und 76 addieren, ergibt dies 100. Teilen wir dies durch 2, ergibt dies 50.

Lösungen

KAPITEL 7: DIE SCHWARZE KATZE

69 – DIE FRÜHEN VÖGEL

Es gibt 30 andere Tiere und 15 Vögel. Wir benutzen b für die Anzahl der Tiere und B für die Anzahl der Vögel. Aufgrund der Menge der Füße lässt sich sagen:

B(2 Füße/Vögel) + b(4 Füße/Tiere) = 150, oder

$2B + 4b = 150$

Die Gesamtanzahl der Tiere beträgt $B + b = 45$

Also gilt $B = 45 - b$

Diese Formel lässt sich auf die Formel mit den Füßen anwenden:

$2(45 - b) + 4b = 150$

$90 - 2b + 4b = 150$

$2b = 60$

$b = 30$ Tiere und $B = 45 - 30 = 15$ Vögel

70 – DIE ENTKORKTE FLASCHE

Der Buchstabe N.

71 – DAS BÖSE UM DES BÖSEN WILLEN

Der Erzähler hatte zuvor Gin getrunken.

72 – DER WEG NACH HAUSE

Die Hausnummer lautet 204 und es gibt 288 Häuser auf der Straßenseite des Erzählers – keine der anderen Lösungen passt (zum Beispiel 6 als Hausnummer mit 8 Häusern auf der Straßenseite, oder 1189 mit 1681 Häusern auf der Straßenseite), denn es können sich nur zwischen 50 und 500 Häusern auf seiner Straßenseite befinden.

Lösungen

73 – DEM GALGEN VERSPROCHEN

Am ersten Tag erlegte die Katze keine Mäuse. Sie tötete jeweils 3, 6, 9 und 12 Mäuse am zweiten, dritten, vierten und fünften Tag. Wenn m die Anzahl der Mäuse darstellt, die am ersten Tag getötet wurden:

$$m + (m + 3) + (m + 6) + (m + 9) + (m + 12) = 30$$
$$m + m + 3 + m + 6 + m + 9 + m + 12 = 30$$
$$5m + 30 = 30$$
$$5m = 0$$
$$m = 0$$

74 – EINE UNERMESSLICHE TAT

Um fünf Liter mittels eines Vier-Liter- und eines Sieben-Liter-Kübels abzumessen, kann der Erzähler damit beginnen, den Vier-Liter-Kübel zu füllen und den Inhalt in den Sieben-Liter-Kübel zu schütten. Dann kann er den Vier-Liter-Kübel abermals füllen und den sieben-Liter-Eimer damit auffüllen. So verbleibt ein Rest von einem Liter im Vier-Liter-Kübel. Nachdem der Erzähler den Sieben-Liter-Kübel geleert und ihn mit dem verbliebenen Rest des Vier-Liter-Kübels befüllt hat, kann er diesen abermals füllen und das Wasser in den Sieben-Liter-Kübel schütten. Auf diesem Weg erhält er genau fünf Liter.

75 – DIE FÄNGE DES ERZFEINDES

Bei einem Rufmord.

76 – DIE KUNST DER SCHLUSSFOLGERUNG

Für die Freunde gibt es nur zwei Möglichkeiten: Der Erzähler trägt Weiß und Isabel und Rose tragen Rot, oder der Erzähler und Isabel tragen Weiß und Rose trägt Rot.

77 – DER SCHUSTERIN AUF DER SPUR

Dupin trifft drei Feststellungen:

(1) Der Erzähler, Isabel und Rose begannen alle im letzten Monat, das Badehaus zu nutzen.

(2) Einer von ihnen besucht es jeden zweiten Tag, ein anderer jeden dritten Tag und noch ein anderer jeden siebten Tag.

Lösungen

(3) Der Erzähler besuchte das Badehaus in diesem Monat zum ersten Mal an einem Montag, Isabel an einem Mittwoch und Rose an einem Freitag. Anhand von (1) und (2) lässt sich schlussfolgern, dass derjenige, der nur alle zwei Tage ins Badehaus geht, entweder am ersten oder zweiten Tag des Monats zum ersten Mal erschien. Die Person, die alle drei Tage ins Badehaus geht, kam entweder am ersten, zweiten oder dritten Tag des Monats. Da sich zwischen den ersten Badetagen der einzelnen Personen zwei Tage befinden, lässt sich anhand von (3) schlussfolgern, dass die Person, die alle zwei Tage badet, am ersten Tag des Monats erschien und die Person, die alle drei Tage badet, am dritten Tag. Wenn man alle drei Feststellungen in Betracht zieht, lässt sich feststellen, dass die Person, die alle sieben Tage badet, entweder am fünften oder sechsten Tag des Monats zum ersten Mal das Badehaus besuchte.

Dies bedeutet, dass eine von zwei Möglichkeiten stimmen muss:
a. Der Erzähler besuchte das Badehaus am Montag dem 1. und danach jeden zweiten Tag. Isabel ging an einem Mittwoch dem 3. und danach alle drei Tage baden, und Rose ging am Freitag dem 5. und alle sieben Tage danach baden.
Sollte dies zutreffen, wären ihre Badetage wie folgt:
  Der Erzähler: 1, 3, 5, 7, 9, 11, 13, 15, 17, 19, 21, 23, 25, 27, 29, 31
  Isabel: 3, 6, 9, 12, 15, 18, 21, 24, 27, 30
  Rose: 5, 12, 19, 26
b. Isabell besuchte das Badehaus am Mittwoch dem 1. und danach jeden zweiten Tag. Rose badete am Freitag dem 3. und darauffolgend jeden dritten Tag, und der Erzähler badete am Montag dem 6. und fortlaufend jeden siebten Tag. Ist dies zutreffend, lauten die Badetage wie folgt:
  Isabel: 1, 3, 5, 7, 9, 11, 13, 15, 17, 19, 21, 23, 25, 27, 29, 31
  Rose: 3, 6, 9, 12, 15, 18, 21, 24, 27, 30
  Der Erzähler: 6, 13, 20, 27

Da die drei Freunde sich ja an einem Tag im Bad trafen, kann die erste Option nicht stimmen. Somit ist die zweite Möglichkeit die richtige, und der Erzähler, Isabel und Rose trafen sich am Montag, dem 27.

Lösungen

78 – MORGENS IN DER RUE MORGUE

Madame L'Espanaye beging den Mord. Es gibt drei Feststellungen:

A. Ich bin die Mutter des Mörders, aber nicht die Mutter des Opfers.
B. Ich bin die Mutter des Opfers, aber nicht die Mutter des Mörders.
C. Ich bin gleichen Geschlechts wie das Opfer.

Wenn die ersten beiden Feststellungen wahr sind, würden sie von verschiedenen Frauen stammen. Ein Mann hätte dann die dritte Feststellung treffen müssen. Die ersten beiden Feststellungen würden also bedeuten, dass das Opfer ein Mann wäre, was dagegen spricht, dass die dritte Aussage falsch ist. Dies würde bedeuten, dass entweder A oder B falsch sein müssten und C wahr wäre.

Wenn C aber die wahre Aussage einer Frau wäre, dann müssten A und C von verschiedenen Männern getroffen worden sein. Das würde bedeuten, dass beide Aussagen falsch wären und C widersprechen würden, und das ist unmöglich. Das bedeutet, dass C die wahre Feststellung eines Mannes sein müsste, was das Opfer zu einem Mann macht. Also wäre eine der Aussagen A oder B von Madame Camille und die andere von ihrer Mutter getroffen worden. Entweder Camilles Bruder oder Sohn wären so das Opfer.

Ist Aussage B falsch, sind andere Lösungsmöglichkeiten zu beachten: Wenn Camilles Bruder das Opfer ist, hätte Camilles Mutter nicht die wahre Aussage A treffen können, also wäre Aussage B falsch und würde von ihrer Mutter stammen – Camille wäre somit die Mörderin. Dies würde jedoch bedeuten, dass Camilles Aussage A der Wahrheit entspräche, was unmöglich ist. Im Gegensatz dazu hätte Camille, wenn ihr Sohn der Mörder wäre, keine wahre Aussage A treffen können, also ist ihre Aussage B ebenfalls unwahr und ihr Sohn ist der Mörder. Dies ist ebenfalls unmöglich. Somit kann Aussage B nicht falsch sein.

Dies bedeutet, dass Aussage A die falsche Feststellung sein muss, was uns zu einer anderen Lösung bringt: Wenn Camilles Bruder das Opfer ist, traf ihre Mutter eine wahre Aussage B. Camille ist nicht die Mörderin und machte eine falsche Aussage A, was bedeutet, dass nicht Camilles Sohn, sondern ihre Mutter die Mörderin ist. Im Gegensatz dazu entspräche, wenn Camilles Sohn das Opfer wäre, Camilles Aussage B der Wahrheit und die Aussage A ihrer Mutter wäre eine Lüge – weder Camille noch ihr Bruder wären der Mörder. Camilles Mutter ist die Täterin.

In jedem Fall ist Camilles Mutter Madame L'Espanaye die Mörderin, aber es ist unmöglich, zu sagen, wer das Opfer ist oder wer welche Aussage gemacht hat.

79 – DIE MORDE AM ANDEREN ENDE DER STRASSE

William Bird. Es lässt sich feststellen, dass der Polizeibeamte an Mitternacht und wenigstens einer der anderen Besucher nach Mitternacht eintraf. Wir wissen, dass Alberto Montani nach Mitternacht eintraf und deshalb kein Polizeibeamter war. Es lässt sich außerdem sagen, dass Adolphe Le Bon nicht der Polizeibeamte war, was bedeutet, dass es William Bird sein muss. Daraus folgt, dass Alberto Montani unschuldig und William Bird nach Adolphe Le Bon eingetroffen war. Dies bedeutet, dass William Bird der Mörder und der Polizeibeamte zugleich war.

80 – ABLENKUNG AUF DER SUCHE NACH DER WAHRHEIT

Zahl ist die wahrscheinlichere Antwort: Wenn eine Münze nach jedem von 75 Würfen die Zahl zeigt, müssen wir davon ausgehen, dass es sich um keine herkömmliche Münze handelt; es muss eine Münze mit Zahlen auf beiden Seiten sein. Wie Dupin zuvor schon gesagt hat: „Gerade dieses Abweichen von dem Wege des Gewöhnlichen kann uns einen Fingerzeig dafür geben, was geschehen muss, um der Wahrheit auf die Spur zu kommen."

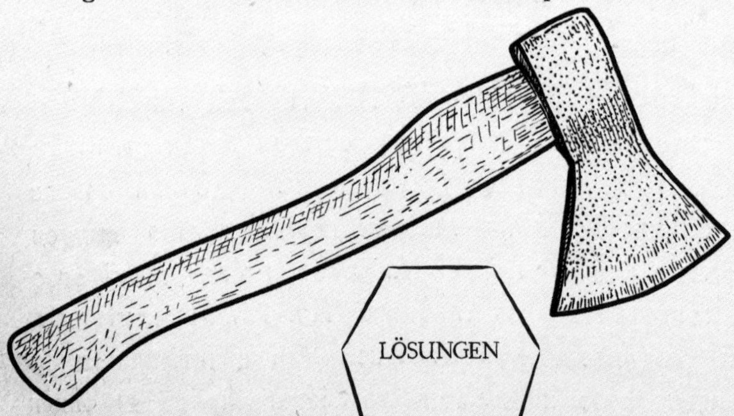